ESSAI HISTORIQUE

SUR LA RÉDACTION OFFICIELLE

DES

PRINCIPALES COUTUMES

ET SUR LES ASSEMBLÉES D'ÉTATS

DE LA

LORRAINE DUCALE ET DU BARROIS.

*Extrait des Mémoires de la Société Royale des Sciences,
Lettres et Arts de Nancy, année 1843.*

NANCY, IMPRIMERIE DE VEUVE RAYBOIS ET COMP.

ESSAI HISTORIQUE

SUR LA RÉDACTION OFFICIELLE

DES

PRINCIPALES COUTUMES

ET SUR

LES ASSEMBLÉES D'ÉTATS

DE LA LORRAINE DUCALE ET DU BARROIS,

ACCOMPAGNÉ DE DOCUMENTS INÉDITS

ET D'UNE BIBLIOGRAPHIE DE CES COUTUMES;

Par M. BEAUPRÉ,

Vice-Président du Tribunal civil de Nancy,
Membre de la Société royale des Sciences, Lettres et Arts de cette ville,
Correspondant de la Société royale des Antiquaires de France
et de plusieurs Académies.

❀

NANCY,

IMPRIMERIE DE GRIMBLOT ET VEUVE RAYBOIS.

1845.

ESSAI

HISTORIQUE ET BIBLIOGRAPHIQUE

SUR

LA RÉDACTION OFFICIELLE ET LA PUBLICATION

DES PRINCIPALES COUTUMES

DE

LA LORRAINE DUCALE ET DU BARROIS.

Introduction.

§ 1.

Les états des ducs de Lorraine étaient régis par diverses coutumes qui différaient plus ou moins entre elles, selon l'origine des peuples dont le territoire avait passé de proche en proche sous le sceptre des descendants de Gérard d'Alsace (1). Ces coutumes n'étaient point écri-

(1) Quand je dis *origine*, je n'entends pas remonter plus haut qu'au moyen-âge, époque où s'accomplit à la longue, et avec de grandes disparités dans l'état des personnes et la possession des biens, la fusion politique des anciens habitants du pays et des étrangers que la conquête y avait établis. Autrement, et pour ne citer qu'un seul exemple, celui du duché de Lorraine proprement dit, il faudrait se demander la cause de cette communauté d'usages, qui avait rangé sous la même loi coutumière les Leuks du bail-

tes, il n'en existait aucun texte arrêté ; ce fut seulement
dans la seconde moitié du XVIᵉ siècle que la nation,
constituée comme elle l'était alors, et son chef héréditaire
concoururent à leur imprimer la forme et le caractère de
la loi. Jusque-là, les tribunaux, quoique tenus de conformer leurs décisions aux anciens usages du pays ou de la
localité, n'avaient pour guides que des traditions orales
ou des notes informes, dont la substance n'était guère
moins contestable que la rédaction; et l'incertitude de l'u-
sage, invoqué par l'un des plaideurs, nié par son adver-
saire, n'était que trop souvent une grave complication
du litige. En pareil cas on avait recours aux *enquêtes par*

liage de Nancy, les Gaulois primitifs de la Vosge, les Germains
de la Lorraine allemande ; et la question serait, je crois, insoluble.
Du reste, ici le mot origine ne répond à ma pensée que par une
plus grande latitude de sens, et *formation* serait préférable à certains égards. C'est à la suite de cette réunion en un seul peuple,
des Galls ou Gaulois primitifs, des Belges, des Romains et des peu-
plades sorties les dernières des forêts de la Germanie, que s'est
opérée et combinée lentement la fusion de leurs institutions et de
leurs coutumes. Ce fut l'œuvre du moyen âge. Commencée durant
la période austrasienne, continuée sous les rois successeurs de
Lothaire et sous les ducs bénéficiaires de Lorraine, cette aggré-
gation des débris de droit civil et de droit des gens, qui dut prendre une certaine consistance sous les ducs de Mosellane, par le
resserrement du lien de nationalité sur un terrain plus circon-
scrit, se consolida sous le sceptre héréditaire des descendants de
Gérard d'Alsace,

turhes (1), et pour sortir d'embarras, les juges admet-
taient la preuve par témoins de la loi qui devait dicter
leur sentence.

L'issue de pareilles enquêtes intéressait non-seulement les plaideurs, mais encore tous ceux qui, se trouvant
dans une position identique ou analogue, pouvaient s'attendre à être tôt ou tard jugés de même, selon la coutume qui allait être, en quelque sorte, établie pour
l'avenir, sur la preuve de son existence dans le passé (2).
Rien n'était négligé pour obtenir une réponse favorable
des praticiens qui étaient appelés à déclarer *ce qu'ils
savaient touchant le fait* controversé *de l'ancien usage;*
et, comme des deux côtés l'intrigue et la séduction mul-
tipliaient leurs efforts, le résultat de l'enquête se trouvait
quelquefois balancé de part et d'autre avec une égalité
telle, qu'on ne pouvait pas même y rencontrer cette
vérité de convention, qu'une nécessité judiciaire a fait
attacher à la pluralité des témoignages.

(1) De *turba*. En Lorraine on disait *tourbes* ou *troubles*. V. sur
les formes usitées pour ces enquêtes, Ducange, *Glossarium ad
scriptores mediæ et infimæ latinitatis* au mot *turba*, et Ferrière,
Dictionnaire de droit, aux mots *coutume* et *turbe*.

(2) C'était en cause d'appel et dans les juridictions supérieures,
comme en la cour des Grands-Jours de Saint-Mihiel, et aux assises de Lorraine, que ces enquêtes avaient lieu ; et supposé que
l'arrêt qui s'ensuivait ne fît point jurisprudence, il n'était pas
moins un précédent traditionnel de grande autorité, dans les cas
semblables.

L'administration de la justice ne pouvait que souffrir d'un état de choses qui, tout en multipliant les procès, faisait souvent dépendre leur solution du résultat d'enquêtes mensongères, ou les livrait à l'arbitraire des juges, non moins favorisé par l'incertitude des lois que par leur absence. Un autre inconvénient, et des plus graves, était de substituer, pour ainsi dire, à de vrais usages enracinés depuis longues années dans les mœurs du pays, des usages factices nés des besoins d'une cause puissante et consacrés par son succès. Ainsi, dans tous les états du duc de Lorraine, sous la juridiction des magistrats institués dans le Barrois pour rendre la justice au nom du souverain, comme sous celle de la chevalerie investie du privilége immémorial de juger en dernier ressort, aux assises des bailliages de Nancy, Vosges et Allemagne, y avait-il unanimité de vœux pour la révision des coutumes et la rédaction de chacune d'elles en un texte légal et désormais certain.

Cette grande réforme législative fut un des bienfaits du règne de Charles III, et, dans leur énumération qui serait longue, sa place devrait être au premier rang. La refonte en un seul code de toutes les coutumes du pays, tant générales que locales, eût sans doute été bien préférable ; mais comment l'entreprendre sans le concours indispensable des Etats ? Comment l'opérer sans leur consentement plus que douteux ? Le temps n'était point encore venu ; et, en Lorraine comme en France, la civilisation n'avait pas fait assez de progrès à la fin

du XVIe siècle pour que l'unité de législation civile y
fût autre chose qu'un rêve de quelques esprits éclai-
rés (1). Chaque petit état de la souveraineté ducale se
complaisait dans l'isolement des vieilles institutions qui
se rattachaient à ses franchises, à ses priviléges, et
n'en imaginait pas de meilleures ; d'ailleurs, les intérêts
dominant alors auraient opposé une résistance invincible
à cette grande réforme, qui en eût entraîné tant d'autres
à leur préjudice.

§ 2.

Je viens de dire qu'il y avait en Lorraine des coutumes générales, appelées aussi grandes coutumes, et
des coutumes particulières ou locales. Les premières
étendaient leur empire sur un ou plusieurs bailliages ;
les autres étaient restreintes dans le rayon d'une pré-
voté, d'une justice seigneuriale, d'une petite ville et de
sa banlieue. Celles-ci ne consistaient guère qu'en un

(1) Les seuls progrès de la civilisation pendant les deux siècles qui
suivirent, et son développement paisible, n'auraient pas suffi pour
l'accomplissement de ce grand œuvre ; il fallut le concours d'une
immense perturbation politique, assez violente et assez longtemps
prolongée, pour faire table rase de toutes les anciennes institutions.
Si la révolution française n'avait pas eu lieu, ou si elle eût avorté,
la Lorraine réunie à la France depuis un siècle, verrait encore aujourd'hui debout, et replâtré tant bien que mal, le vieil édifice de
sa législation disparate.

petit nombre de dispositions applicables à certains actes
de la vie civile, et les cas non prévus par elles étaient
communément regis par la coutume générale du bailliage. Les grandes coutumes étaient au nombre de six :
la coutume du duché de Lorraine observée dans les trois
bailliagés de Nancy, Vosges et Allemagne; celles des
bailliages de Bar, du Bassigny, de Saint-Mihiel et
d'Épinal ; enfin la coutume du Clermontois, pays qui
fut irrévocablement détaché de la Lorraine par le traité
de Paris en 1641 : motif pour lequel il n'en est ici
question que pour mémoire (1). Les bailliages de

(1) Cette coutume, quoique homologuée par le souverain, n'a
pas été imprimée, que je sache, ailleurs que dans le Coutumier
général de Bourdot de Richebourg, t. 2, p. 869. Il en existait des
copies manuscrites dans quelques bibliothèques lorraines, entre
autres dans celle de Mory d'Elvange. Cet écrivain nous apprend,
dans ses *Fragments historiques sur les états généraux en Lorraine*, que la rédaction des coutumes du bailliage de Clermont eut
lieu, en 1604, dans l'assemblée des états convoqués à peu près
de la même manière que ceux de Saint-Mihiel, de Bar et du Bassigny, et que, comme dans ces bailliages, les curés de campagne
firent partie de l'état du clergé. Si cette date est exacte, le texte
que le Coutumier général donne de la coutume de Clermont, pourrait bien n'être pas le véritable : car c'est celui qui a été rédigé en
1571, par une commission nommée dans l'assemblée des États.
S'il fut encore question des coutumes en 1601, ce fut, selon toutes
les probabilités, pour les soumettre à une révision, comme on fit en
1598 pour le texte de la coutume de Saint-Mihiel.

Vaudémont et de Châtel-sur-Moselle avaient aussi des coutumes qui leur étaient propres, et qui, à raison de l'étendue de territoire régie par elles, devraient encore être comptées parmi les grandes coutumes. Charles III en avait autorisé la rédaction, mais, comme elles n'avaient point été homologuées, le duc Léopold affectant de ne les considérer que comme de simples projets, les abrogea par édit du 10 mars 1723, et soumit ces deux bailliages à la coutume générale du duché. Les coutumes particulières ou petites coutumes étaient celles du comté de Blâmont, de la prévôté de Marsal, du village de la Bresse et du Val de Liepvre, Sainte-Croix et Sainte-Marie-aux-Mines. Elles subsistèrent toutes concurremment avec les grandes jusqu'à la promulgation du code civil. Ajoutons la loi de Beaumont mentionnée, aux cahiers des anciennes coutumes de Bar et de Saint-Mihiel, comme coutume particulière à quelques endroits de ces bailliages. D'autres localités réunies à différentes époques aux états de la couronne ducale, et dont le dénombrement serait trop long, étaient régies par les coutumes des états voisins, dont elles avaient fait originairement partie, telles que la coutume de l'évêché de Metz et celle de Sainte-Croix de Verdun (1); pour ne nommer que les principales (2).

(1) Cette coutume régissait notamment le bailliage de Hatton-chatel, dont Nicolas Psaume, évêque de Verdun, avait confirmé en 1564 la cession en souveraineté, faite par son prédécesseur au duc de Lorraine.

(2) Les états du duc de Lorraine s'accrurent, postérieurement

Ce fut dans l'intervalle de 1571 à 1605, que la rédaction des six grandes coutumes fut élaborée dans les états des bailliages, assemblés aux principaux chefs-lieux de juridiction, puis soumise à l'approbation du souverain, qui les homologua et en ordonna la publication.

Les cinq premières ont été imprimées sous le règne du prince législateur, dont l'active sollicitude venait de procurer à ses sujets l'inappréciable bienfait d'un droit écrit (1). La description que je donnerai des éditions originales de ces coutumes, et des réimpressions qui dans les années subséquentes, en reproduisirent le texte

au règne de Charles III, de quelques localités dont les unes étaient soumises au droit romain, les autres à la coutume du Luxembourg français. La Châtellenie de Rambervillers, réunie à la Lorraine en 1718, avait une coutume particulière.

Les détails relatifs aux petites coutumes n'entrent pas dans le plan de ce mémoire ; on les trouvera dans l'Analyse des coutumes, sous le ressort du parlement de Lorraine, par Riston. *Nancy*, 1782, 1 vol. in-4°. On peut consulter avec fruit cet ouvrage, qui, indépendamment de la conférence des diverses coutumes, contient un discours sur l'origine des réunions qui les ont introduites, et un tableau détaillé, généralement exact, des localités qu'elles régissaient.

(1) Si les coutumes ne sont pas qualifiées de droit écrit, c'est afin de les distinguer du droit romain auquel on a conservé cette dénomination, qui remonte au temps où les usages dont se composait le droit coutumier, n'étaient encore consacrés par aucun texte légal.

avec des modifications interprétatives ou des dispositions additionnelles, ne sera pas restreinte aux détails sommaires et purement matériels que fournit un catalogue de livres. La bibliographie, franchissant ici le cercle ordinaire de ses constatations, fera ressortir, autant que possible, par un inventaire comparatif de ces rares volumes, les premiers monuments de la législation civile à laquelle concoururent le prince et la nation représentée par les Etats (1), les actes intervenus et les formes observées dans le contact que nécessita cette collaboration. Et, quoique l'objet de ce mémoire ne soit pas de déterminer les différences qui existaient dans l'état constitutionel des divers bailliages ou provinces de la souveraineté ducale (2), je ne négligerai aucune occasion de les faire entrevoir.

(1) Ici le mot de représentation n'est exact, relativement au clergé et à la noblesse, qu'en ce que tous les membres de ces deux ordres étant convoqués *avec intimation que, s'ils ne comparent, il sera passé outre en leur absence, et sans plus les rappeler,* les membres présents représentent de fait l'ordre tout entier, engagé par eur concours à la délibération des Etats.

(2) *Bailliages ou provinces,* dit Thierry Alix, président de la chambre des comptes de Lorraine, dans sa description (Ms.) du duché de Lorraine en 1596. C'est avec raison qu'il emploie ces deux mots comme synonymes : car ce n'était pas par le gouvernement ducal et arbitrairement qu'avait été établie la circonscription judiciaire de ce pays ; elle était marquée par les anciennes limites des divers états qui, réunis successivement au duché de Lorraine, étaient devenus des provinces.

Quant aux petites coutumes qui , je crois, n'ont été imprimées qu'au XVIIIe siècle, après la réunion de la Lorraine à la France (1) , je dirai , pour n'y plus revenir, que celles de Blâmont et de la Bresse furent homologuées, la première , en 1596, et la seconde, en 1605, après que leur rédaction eut été soumise à l'examen de la chambre des comptes de Lorraine, à laquelle appartint longtemps la juridiction en dernier ressort sur les territoires réunis par acquisition. L'homologation de la

(1) Je ne connais pas d'éditions des coutumes de Blâmont, de la Bresse, de Marsal et du Val-de-Liepvre, antérieures à celles qui font partie du Recueil des coutumes ressortissantes à la cour souveraine de Lorraine et Barrois, *Nancy, H. Thomas* et fils, 1761, petit in-8. Cet utile recueil , que l'on rencontre ordinairement divisé en 2 tomes, contient, outre ces coutumes, celles de Saint-Mihiel, du Bassigny, d'Epinal, de l'évêché de Metz, de la ville et cité, évêché et comté de Verdun, appelées communément les *Coutumes et droits de Sainte-Croix*, de la ville de Thionville et des autres villes et lieux du Luxembourg français. Il est à observer toutefois, que l'édition des coutumes du Val-de-Liepvre a été déclarée *fautive*, et supprimée comme telle et comme faite sans privilége ni permission. L'arrêt qui prononce cette suppression est rapporté dans l'exposé qui précède l'Analyse des coutumes... par Riston. Il a été rendu le 23 mars 1781, par le parlement de Nancy, qui a ordonné l'apport en son greffe, d'un ancien manuscrit de cette coutume, collationné en 1675, par un tabellion , et reconnu, par les gens de loi et habitants du Val-de-Liepvre, contenir tous leurs usages.

coutume de Marsal eut lieu sous le règne de Charles IV,
en 1627, après semblable formalité. Enfin, les habitants du Val-de-Liepvre, de Sainte-Croix et Sainte-
Marie-aux-Mines obtinrent du même prince, en 1662,
des lettres patentes, qui confirmèrent leurs coutumes(1),
usages et priviléges, avec attribution des appels à la cour
souveraine de Lorraine, et qui furent adressées à la chambre des comptes, pour faire cesser son ancienne juridic-

(1) Entre autres singularités de cette coutume, la manière dont
se faisait la réparation d'injures était assez remarquable. Celui qui
était condamné devait « aller quérir un pot de vin, et l'appro-
» cher devant la justice, en verser dans un verre, et le présenter
» à la partie lésée, lui disant par son nom : — N. Voilà que je te
» présente à boire, te prie pour l'honneur de Dieu, si j'ai dit ou
» proféré quelque parole contre toi et ton honneur, me vouloir
» pardonner; car je ne sais autrement que tu sois homme de
» bien ».

La coutume particulière de Marsal (article 24) contenait aussi en
matière d'injures, quand elles avaient été proférées par une
femme mariée, une disposition non moins singulière. La coupable était
exemptée de toute réparation, et passible seulement d'une amende
et des dépens, si son mari déclarait l'avoir désavouée, ou af-
firmait judiciairement l'avoir battue. A Dieuze, où la proximité
des lieux avait introduit le même usage, ce désaveu et cette affir-
mation ne suffisaient pas. Des monuments judiciaires du XVIIe siècle font foi que l'audience était le théâtre où la correction maritale
s'exerçait en présence du juge, et qu'il en était dressé acte par le
greffier.

tion. Quant aux localités qui, comme le bailliage de Hattonchâtel et les châtellenies de Nomeny et de Saint-
Avold, avaient autrefois fait partie de l'évêché de Verdun, de celui de Metz, ou d'autres pays limitrophes,
elles restèrent soumises à leurs anciennes lois (1).

Je viens de dire que cinq des grandes coutumes
avaient été rédigées, homologuées et publiées de 1571
à 1605. C'est en suivant l'ordre chronologique de leur
homologation qu'il en sera question dans ce mémoire,
où les renseignements historiques, puisés surtout dans

---

(1) La coutume de l'Evêché de Metz fut rédigée, en 1601, par
les états et les délégués de l'évêque. Quant à celle de Sainte-Croix
de Verdun, on ignore l'époque de sa rédaction. Aux approches de
la révolution française, il était question de la reviser pour le territoire de Hattonchâtel, comme elle l'avait été en 1742, pour la ville
de Verdun et le pays Verdunois. M. de Rogéville, conseiller au
parlement de Nancy, fut nommé commissaire *ad hoc*, par ordonnance du 12 mai 1786, et chargé de rédiger le nouveau texte, en
présence et du consentement des états assemblés dans la ville de
Hattonchâtel. L'assemblée des états eut lieu le 9 septembre suivant. Le commissaire du roi y fit lecture du projet de coutume
qu'il avait préparé, à l'aide des gens du roi au bailliage de Saint-
Mihiel. Ce travail fut accepté, et le roi supplié de l'homologuer :
ce qui fut fait par lettres patentes du 11 novembre 1787, enregis-
trées au parlement de Nancy, le 7 janvier 1788. Il en existe une
édition sous le titre de Coutumes générales du Marquisat de Hattonchâtel et de ses dépendances. *Nancy, Hœner*, 1788, in-12.
Le nouveau texte y est suivi du procès-verbal de réformation.

les procès-verbaux des États, et les détails de bibliographie qui embrasseront à la fois les caractères extérieurs
et la substance des éditions originales de ces coutumes,
vont se prêter un mutuel appui.

Coutumes du bailliage de Bar.

Le bailliage de Bar, qu'on appelait le Barrois mouvant,
parce que c'était un fief mouvant de la couronne de
France (1), était anciennement régi par la coutume de
Sens (2). Il avait néanmoins quelques usages qui lui

(1) Les faits et les débats historiques concernant la mouvance
d'une partie du Barrois et du Bassigny, sont exposés et soumis à une
nouvelle et savante discussion, dans un plaidoyer de M. Troplong,
(alors avocat général à la cour de Nancy, maintenant conseiller à la
cour de cassation), intitulé : De la souveraineté des ducs de Lorraine, dans le Barrois mouvant, et de l'inaliénabilité de leurs do-
maines, dans cette partie de leurs états. *Nancy*, 1832, in-8°.

Cette question de souveraineté avait du reste été traitée avec
étendue, dans l'intérêt du duc Léopold, par l'auteur anonyme du
Mémoire de l'envoyé de Lorraine, touchant les droits de souveraineté de S. A. R. monseigneur le duc de Lorraine, en qualité de
duc de Bar, dans le Barrois mouvant (1718), in-folio, 103, p. suivies
de preuves qui s'arrêtent à la p. XCIV, soit parce que l'impression
a été arrêtée, soit parce que les dernières pages ont été supprimées.

(2) Le duc de Lorraine avait été assigné, en 1555, à la rédaction
des coutumes de Sens, pour ses duché et bailliage de Bar , terres

étaient particuliers. Dès l'an 1506, ces usages avaient été mis en écrit, *par ordonnance des trois Estats, gens d'église* (1), *nobles et commun, assemblés pour ce faire.*

En 1571, Charles III ordonna la convocation des Etats de ce bailliage *pour adviser ce qui seroit bon d'y*

et seigneuries de La Marche, Châtillon-sur-Saône, Conflans et dépendances ; et, malgré son opposition, il fut dit qu'il serait, lui et ses sujets, soumis par provision à la juridiction du bailliage de Sens, et régi par la coutume de ce bailliage, sauf les coutumes locales, qu'il pourrait proposer et faire vérifier par les commissaires du roi de France. Le procureur du duc s'étant retiré et laissé condamner par défaut, sans produire aucunes coutumes locales, quoique le cahier de celles de Bar eût été dressé dès 1506, le Barrois et le Bassigny mouvants restèrent soumis aux coutumes générales de Sens ; et ce n'est qu'en vertu du concordat conclu en 1571, entre le roi et le duc Charles III, qu'ils furent distraits du bailliage de Sens, sans cesser néanmoins d'en ressortir pour l'appel des petites causes qui n'excédaient pas la compétence des juges présidiaux. L'appel des causes les plus importantes fut attribué immédiatement au parlement de Paris. (*V. infra p.* 113.)

(1) Il est à remarquer que le clergé figure ici le premier. Dans l'acte du serment prêté par Nicolas d'Anjou, duc de Lorraine et de Bar, il n'est nommé qu'après la noblesse ; mais plus tard l'usage s'introduisit de le mettre au premier rang, sans doute par égard pour le caractère sacerdotal : et c'est ainsi qu'on le voit figurer sous le règne de Charles III, dans tous les procès-verbaux des coutumes, et dans celui des États de 1629, les derniers qui eurent lieu en Lorraine.

adjouster ou diminuer, corriger et interpréter. **Mais**
quelques articles du cayer des nouvelles coutumes
ayant paru par trop contraires à l'ancienne et louable
observance portée au viel cayer, il y eut en 1579 une
nouvelle convocation ; et René de Florainville, chevalier,
bailli (1) et capitaine de Bar donna, en exécution des

(1) Bailli. — Celui à qui le souverain a confié, *baillé* la charge
et garde de la justice. Les baillis, suivant la coutume de Normandie
citée au Glossaire du droit français, par Ragueau et Eus. de Lau-
rière, « sont ceux qui ont la *baillie* de la justice, pour être conserva-
teur des biens du peuple, contre l'oppression et l'injure d'autruy. »
Cette définition est, aux termes près, celle que donne le Dictionnaire de droit et de pratique de Ferrière, au mot *baillif.* Quoiqu'il
ne soit question dans ces deux ouvrages que des baillis des anciennes provinces du royaume, on peut les consulter utilement
pour plus amples détails sur les attributions de cette charge : car,
au XVe siècle, elles étaient à peu près les mêmes en France, et
dans les états du duc de Lorraine. Les baillis étaient assez généralement les juges des nobles en première instance ; ils tenaient
les assises ou assemblées de justice. Chefs de la justice et de la police, ils eurent aussi, pendant longues années, le commandement
des troupes dans leurs bailliages. Aussi ces charges éminentes n'é-
taient-elles remplies, dans les états du duc de Lorraine, que par
des gentilshommes de l'ancienne chevalerie. Plus tard, l'établisse.
ment d'une justice plus régulière, et la multiplication des siéges
bailliagers, réduisirent considérablement l'autorité des baillis et
l'importance attachée à ce titre.

La création des baillis dans le duché de Lorraine paraît remonter au delà du règne de Ferry de Bitche (1205-1213). Ils prési-

**lettres patentes qui lui avaient été adressées, ordre au
premier sergent du bailliage *d'assigner les gens des***

daient non-seulement au siége bailliager, mais encore aux assises
que tenaient, dans les trois bailliages de Nancy, Vosges et Allemagne, les gentilshommes de l'ancienne chevalerie. Néanmoins, on
voit qu'au seizième siècle, les baillis de Nancy et de Vosges n'a-
vaient guère, aux assises, qu'un rang d'honneur : car ils ne prési-
daient que *pendant la déduction des causes* (Recueil du style des
procédures d'assises, titre 1er, art. 6); quand le procès était instruit
et la cause entendue, ils étaient obligés de se retirer après avoir
commis un des gentilshommes siégeants, pour recueillir les voix,
et prononcer le jugement. Le bailli d'Allemagne, au contraire, avait
voix délibérative aux assises. Tous trois étaient chargés des actes
préparatoires et exécutoires de la justice. Leur juridiction, aux
siéges bailliagers du duché, est réglée par le Style des procédures
de justice, titre 1er *de la qualité des juges en matière traitable devant eux.*

Le bailly, dit la coutume de Bar, art. 43, est juge en première
instance de toutes personnes nobles.

René de Florainville, bailli et capitaine de Bar, lors de la convocation des états pour la rédaction de cette coutume, était de
la chevalerie du marquisat de Pont-à-Mousson (Nobil. Ms. de
la fin du XVIe siècle).

Les seigneurs avaient aussi leurs baillis, officiers de moyenne et
basse justice. Ces baillis *au petit pied* furent probablement créés
dans les seigneuries de la Lorraine, à l'imitation des baillis institués par le duc • Dès l'an 1212, dit Bournon dans ses *Coupures*, se
» voyaient en Lorraine les jugements et justice des baillifs; lesdits
» baillifs étaient, comme qui diroit, juges des lieux où ils avoient

trois Estats à comparoir, ou par procureurs suffisam-
ment fondez... en la ville et chasteau de Bar par devant
ceux qui seroient à cet effect députez, pour entendre les
occasions qui ont mu Son Altesse à la réformation des
dicts articles, pour leur advis sur iceux entendu et con-
sidéré estre procédé à l'homologation desdictes cous-
tumes, comme il appartiendra : avec intimation que s'ils
ne comparent, il sera passé oultre en leur absence et
sans plus les rappeler.

On ne voit pas dans le procès-verbal des Etats, dont
je viens de transcrire quelques lignes, comment les assignations se donnèrent, si elles furent individuelles ou
collectives, par écrit ou *par huchement public à son*
de trompe.

Quoi qu'il en soit, le 1ᵉʳ octobre 1579, jour de la convocation des Etats, le clergé, la noblesse et le tiers état
du bailliage se réunirent au château de Bar. Dans l'ordre
du clergé figuraient les curés des villages ; à la noblesse
étaient réunis les vassaux ou possesseurs de fiefs situés
dans le bailliage, et parmi eux se trouvaient des femmes
veuves et relictes ou *damoiselles.* Enfin le tiers état représenté par les magistrats, avocats ou procureurs, les

» leur résidence, et représentoient, en temps de guerre, le sei-
» gneur qu'estoit en fait d'armes ou d'ost, et qui, détenu en guerre
» ne pouvoit rendre la justice à ses subjets. »

Les baillis des seigneurs sont encore aujourd'hui des personnages... de comédie.

officiers des finances, le mayeur (maire), et deux officiers municipaux de la ville de Bar et les mayeurs des
villages ou leurs députés. Quelques villages en avaient
deux et même jusqu'à trois et quatre, mais les exemples
en sont peu nombreux. Le procès-verbal des comparutions qualifie de *nobles hommes* plusieurs magistrats,
avocats, procureurs et autres représentants du tiers état ;
et il en est effectivement dont les noms figurent aussi
dans l'ordre de la noblesse. Des ecclésiastiques se re-
trouvent pareillement au nombre des vassaux comme
possesseurs de fiefs. Enfin, il est tel représentant du tiers
état, avocat ou procureur, qui comparaît jusqu'à dix
fois et même au delà, comme fondé de procurations
données par des membres du clergé et de la noblesse, et
par des villages. Les comparutions se prolongèrent pendant plusieurs jours, et le bailly, sur les réquisitions
du procureur général Martin le Marlorat (1), donna
défaut contre les absents. Cependant, dès le premier jour,
lecture fut faite aux États du cahier, ou projet des coutumes nouvelles, préparé dans les conseils du prince ;
et le lendemain 2 octobre, après nouvelle lecture, les
États requirent plus ample communication de l'ancien
et du nouveau cahier ; et, *afin d'en adviser plus meure-
ment et pour obvier à plus grande charge de dépense
et à confusion,* demandèrent *qu'il leur fust permis*

_____

(1) V. sur Martin le Marlorat, et Augustin son frère, la Bibliothèque Lorraine de D. Calmet.

d'eslire de chacun ordre trois personnes, afin de, pour eulx et en leur nom, tant en général que particulier, y bailler advis, en accorder, conclure et y faire selon qu'ils verroient estre expédient pour le bien desdicts trois Estats; et qu'à cet effet le tout fust communiqué à ceulx qui seroient par eux eslus et députez. Le bailly ayant acquiescé à cette demande, on nomma d'un commun accord, et *suivant sa permission,* une commission composée : pour l'ordre ecclésiastique, de *révérend père en Dieu* frère Pierre Mathis, abbé de Janvillers ; *noble et scientificque personne maistre* Jean de Roucy, prieur de Ruz-aux-Nonnains et doyen de l'église de Saint-Pierre de Bar ; et *maistre* Claude Cordier, chanoine en l'église de N. D. de Ligny : pour l'ordre de la noblesse, *honorés seigneurs* Charles de Stainville, seigneur de Quevonges, Emond de Thomesson, seigneur de Rémenécourt et Nicolas d'Issoncourt, seigneur de Tillombois : enfin, du côté du tiers état, *noble et prudent homme maistre* François Hurbal, prévôt de Pierre-Ficte et avocat au bailliage ; *prudent homme et sage maistre* Dominique Dordelu, Licencié-ès-lois, lieutenant particulier en la prévôté de Bar; et *honorable homme maistre* Sébastien Gravel, procureur au bailliage. Si je rappelle ici les noms de ces rédacteurs de la coutume de Bar, ce n'est point à cause de leur illustration, car je ne les ai rencontrés nulle autre part, mais pour les titres dont ils sont précédés. L'honorable et importante mission qu'ils reçurent des Etats témoigne au surplus de la haute estime, et de la confiance, qu'inspiraient leur savoir et leur expérience.

Les membres de cette commission se mirent à l'œuvre, après avoir prêté le 5 octobre serment de *dire la vérité sur les faictz de coustume du bailliage : et que cessant toutes affections ilz feront tout ce qu'ilz sçavent bon, utile et proufitable pour le bien et utilité dudict bailliage, et ceulx qui se doibvent régir et gouverner selon les us et coustumes d'iceluy; et advertiront du dommage, rigueur et incommodité desdictes coustumes.* Le 13 du même mois leur travail étant achevé et agréé, au moins tacitement, par les États que le bailli avait avertis du droit que chaque membre avait d'alléguer et déduire des motifs de suspicion contre les rédacteurs, et d'assister aux séances de la commission pour *accorder, débattre ou faire telle remonstrance que de raison,* ils le remirent en *ung cahier à part signé de leurs seingz* entre les mains du sire de Florainville pour être présenté au Duc : *afin que son bon plaisir fust de procéder à l'homologation, vérification et approbation d'iceluy.* L'homologation de ce prince, qui résidait au château de Bar pendant la tenue des États, ne se fit pas attendre. Elle est datée du lendemain 14 octobre 1573; et le 15, sur les conclusions du procureur général (1), la publication des coutumes eut lieu dans l'auditoire du bailliage.

(1) Le procureur général avait charge *d'entendre soigneusement et diligemment* toutes causes et affaires du Duc, de garder et dé-

Ce travail de la commission *en un cahier à part*
ferait présumer que les articles des anciennes coutumes
ont été fondus dans la nouvelle rédaction, si d'ailleurs
on ne les y retrouvait presque tous ; la plupart textuel-

fendre son droit partout. Il y en avait alors un pour chaque bailliage, excepté dans le duché de Lorraine proprement dit, où un
seul procureur général était institué pour les trois bailliages de
Nancy, Vosges et Allemagne. Le procureur général de Lorraine,
dont les fonctions avaient été déterminées par un règlement des
États généraux tenus à Nancy, le 4 décembre 1532, portait la
parole, non-seulement aux assises de Nancy et dans tous les
tribunaux qui étaient établis dans cette ville, mais encore dans
l'assemblée des États. « Celui du Barrois, » dit Rogéville (Dict. des
» ordonnances de Lorraine, au mot *Parquet*), aux Grands-Jours
» de St-Mihiel, aux États du bailliage, et à la Chambre du conseil et
» des comptes de Bar-le-Duc...Ses fonctions s'étendaient aux tribu-
» naux subalternes de Bar et de Saint-Mihiel. » S'il en était ainsi,
il faut que la charge du procureur général du bailliage de Bar, qui,
lors de la tenue des États pour la rédaction des coutumes, existait
en même temps que celle du procureur général du Barrois, ait
été supprimée depuis ; ou plutôt que le chef du parquet de Saint-
Mihiel, qui portait ce dernier titre, ait eu des attributions qui
s'étendaient à la fois sur le Barrois non mouvant, et le Barrois
mouvant. L'exercice de ses fonctions près d'un tribunal de justice
supérieure autorise à le penser; et dans ce cas, il faut aussi croire
que les procureurs généraux des bailliages, dont les appels étaient
portés à la cour des Grands-Jours de Saint-Mihiel, étaient subor-
donnés à ce magistrat, au moins à certains égards.

lement, quelques-uns légèrement modifiés. Ainsi, dans le bailliage de Bar ou Barrois mouvant, on crut devoir soumettre à l'homologation ducale les anciennes coutumes du pays, aussi bien que les nouvelles.

Il est à remarquer toutefois que le procureur général qui avait revendiqué pour le Duc seigneur haut justicier, comme représentant l'héritier absent ou résidant à l'étranger, le droit de succéder au lieu et place de celui-ci (1), ayant pris des réquisitions pour que ce droit *dont ledict seigneur étoit en possession, et de telle et si longtemps qu'il n'étoit mémoire du commencement ni du contraire,* fût consacré par un article formel de la coutume; les députés répondirent *qu'ils ne pouvoient convenir de ladicte prétendue coustume; et encore qu'elle fust telle ils supplioient qu'icelle, ne fust insérée audict cayer, pour estre par trop préjudiciable à la liberté publique.* Le procureur général ayant persisté, le bailli lui donna, ainsi qu'aux députés, acte de leurs dires respectifs, et renvoya le débat à la décision du souverain. L'article, dont l'insertion en termes formels était requise, ne se trouvant pas dans le texte des coutumes, on doit conclure de son absence que les députés des États eurent gain de cause, au moins quant à la forme (2).

(1) Ce droit est expressément consacré par la coutume de Saint-Mihiel, art. 14 du titre 1er.

(2) Le droit invoqué par le procureur général, se trouvait consacré, jusqu'à un certain point, par l'article 21 des anciennes cou-

Ces détails sont puisés dans le procès-verbal des Etats qui occupe les feuillets 56 à 61 de l'édition que je vais décrire, en lui donnant la première place.

La coutume du bailliage de Bar ne se trouve pas dans le recueil imprimé des coutumes ressortissant à la cour souveraine de Lorraine. C'était le parlement de Paris, qui, suivant une ancienne attribution d'origine assez incertaine, mais expressément maintenue au concordat fait le 15 janvier 1571 entre le roi Charles IX et Charles III duc de Lorraine, connaissait des causes d'appel de ce bailliage, lorsque par leur importance elles excédaient la compétence des juges présidiaux. Les petites causes, ainsi que celles du Bassigny mouvant, étaient portées en appel au bailliage de Sens (1).

tumes, article qui n'a pas reparu dans la nouvelle rédaction. Mais était-il bien nécessaire de l'y insérer, lorsque déjà les États avaient voté l'article 145, ainsi conçu : « Les résidans au bailliage de » Bar pourront succéder par tout le duché de Lorraine, et autres » pays dudit seigneur duc, comme en semblable, les demeurants » esdits pays, terres et seigneuries dudit seigneur duc, pourront » succéder à leurs parents décédés audit bailliage. » Les héritiers qui résidaient en d'autres pays ne devaient-ils pas être, en vertu de cette disposition, considérés comme aubains ?

(1) Cependant l'attribution de juridiction en appel paraît avoir été longtemps dépendante du choix des parties : car on rencontre quelques arrêts rendus aux Grands-Jours de Saint-Mihiel, sur des procès de la Mouvance. Ils sont indiqués dans le Mémoire de l'en-

L'homologation des coutumes de Bar par le duc de
Lorraine donna lieu à un appel du procureur général au
parlement de Paris, motivé sur ce que les coutumes des
bailliages du ressort du parlement de Paris ne pouvaient
être rédigées par écrit que par commandement et autorité du roi; mais sur cet appel, la cour, *ouï de Thou,
pour le procureur général, et Pasquier, pour le duc de
Lorraine, intimé,* mit les parties hors de cour, et, sur
l'offre des avocat et procureur du duc de Lorraine, ordonna que ces coutumes *seraient reçues et remises au
greffe, présent le procureur général, ainsi que l'on a
accoutumé recevoir et mettre au greffe les coutumes
arrêtées par l'ordonnance et sous l'autorité du Roi..*

voyé de Lorraine, qui rapporte, en s'appuyant de quelques preuves,
que le duc René d'Anjou ayant, au mois de mars 1449, tenu les
Grands-Jours en personne « on y jugea différentes appellations des
» bailliages de Bar et du Bassigny, de même qu'on y en jugeait
» de Saint-Mihiel, de Clermont, etc. On voit qu'en 1532, les causes
» n'ayant pas toutes été expédiées pendant le temps fixé pour la
» tenue des Grands-Jours, le Duc prorogea leur autorité sur des
» commissaires, entre lesquels sont : les lieutenants-généraux de
» Saint-Mihiel et de Clermont, pour connaître et juger des appel-
» lations du bailliage de Bar ; les lieutenants généraux de Bar, St-
» Mihiel et Clermont, pour connaître de celles du Bassigny ». C'é-
tait pour *entretenir sa souveraineté et juridiction,* comme l'expriment des lettres de réintégration données par René II, en 1485,
sur une affaire de même origine. Le concordat de 1571 mit un
terme à ce conflit de juridiction.

Arrêt du 4 décembre 1581, publié et registré au bailliage de Bar , ce requérant le procureur général de ce bailliage , le 1er mai 1582 (1).

Les anciennes éditions de la coutume de Bar sont au nombre de trois.

(1) Cet enregistrement au greffe du parlement de Paris n'empêcha pas M. de la Nauve , conseiller en la grande chambre, qui s'était transporté à Bar, en vertu d'une commission du roi, le 30 septembre 1634, pour l'exécution de l'arrêt de commise féodale rendu par le parlement de Paris, le 5 du même mois contre le duc Charles IV, d'ordonner, le siége du bailliage tenant, que la coutume de Sens fût suivie, avec défense aux avocats et procureurs d'alléguer celle de Bar, et aux juges et officiers de la suivre. Cet ordre commençait à s'exécuter, et la coutume de Sens reprenait vigueur, lorsque le 6 juin 1635, M. Barillon de Morangis, maître des requêtes, et intendant dans les duchés de Lorraine et de Bar, déclara, tenant aussi l'audience du bailliage, que l'ordre du roi était que, nonobstant l'ordonnance de M. de la Nauve , on suivît les coutumes, usances et règlements de Bar. Cette déclaration, d'autant plus importante, qu'alors , comme en 1634, le pays était occupé par les armées de Louis XIII , ne fut pas donnée par écrit ; mais les officiers du siége, après le départ de M. Barillon, en dressèrent acte de notoriété. Depuis cette époque il ne fut plus question de la coutume de Sens, dans le Barrois.(V. suprà, p. 101) (2).

L'administration financière du duché de Bar resta distincte de celle du duché de Lorraine, malgré la réunion des deux pays sous le même souverain. Son siége était à Bar-le-Duc, où existait, de temps immémorial, une Chambre des comptes qui subsista jusqu'à la révolution de 1789.

3

1° COVSTVMES DV BAILLIAGE DE BAR. Rédigées par les trois Estatz dudict Bailliage conuoqués à cest effect par ordonnance de Serenissime Prince Charles par la grace de Dieu Duc de Calabre, Loraine, Bar, Gueldres, &c. Et homologuées par son Altesse au moys d'Octobre, mil cinq cens soixante & dix neuf.—*Imprime par le commandement de mondict Seigneur.* Un vol. pet. in 4°, sans lieu ni date d'impression.

Préliminaires, 4 ff., contenant le titre ci-dessus, où sont gravés en bois les écussons de Lorraine et de Bar ; une épître de Martin le Marlorat au duc Charles III, datée du 20 janvier 1580 ; plusieurs pièces de vers, tant en latin qu'en français (1), sur la rédaction des coutumes du bailliage de Bar, et la table des titres. Texte, 72 ff. chiffrés, suivis de deux autres non chiffrés, où la muse de deux jurisconsultes Barrisiens, François Hurbal et Dominique Dordelu, célèbre en latin et en français les bienfaits que promet à leur pays une législation écrite et désormais certaine. A la fin du volume se trouve une seconde série de feuillets, chiffrés de 1 à 6, et sans titre particulier, contenant : *Ordonnances sur le règlement de justice, et stile des Bailliage et Prévosté de Bar,* suivies

---

(1) On lit au bas de ces vers, les noms de M. M. (sans doute, Martin le Marlorat), Nic. de Gleysenove, de Bar-le-Duc, licencié ès lois, qui fut depuis président de la chambre des comptes de Bar, P. Dodenet, de la même ville, et de Charles le Marlorat, fils de Martin, à qui l'on peut attribuer aussi la pièce signée C.M.

de la teneur des lettres patentes, datées du 14 octobre 1579, qui en ordonnent la publication. Ce règlement pour l'administration de la justice, n'est pas l'œuvre des Etats. Rédigé problablement par les officiers de justice ou par les praticiens du baillage, ce fut le bailli de Bar qui, assisté des procureur et avocat du duc, le présenta à ce prince, lui remontrant la nécessité d'établir *de sa puissance et autorité certaine forme et manière de procéder* en justice, afin de prévenir désormais les *différens altercats,* qui, *pour l'incertitude et variété du style dont on use au règlement, administration et distribution de la justice es plaidoyers; et instruments des causes...sourdent ordinairement...soubz umbre que les uns mettent en avant une façon et formalité à leur volonté, les autres en supposent des nouvelles, de sorte qu'il n'en peult revenir qu'une confusion à l'advenir...* (1).

L'examen de cette édition, dont la beauté est remarquable, ne m'a fourni aucune indication, tant soit peu certaine, de sa date et des presses qui l'ont mise au jour. On ne peut rien induire de l'épître de le Marlorat au duc Charles III, car ce n'est point une dédicace; il n'y est nullement question d'impression, et le procureur général du bailliage de Bar ne fait qu'exprimer à ce prince l'amour et la gratitude de ses concitoyens. Cependant

(1) Lettres patentes ducales, à la suite du règlement de justice de 1579.

les mots : *Imprime par le commandement de mondict Seigneur,* autorisent à croire que c'est l'édition originale et officielle des coutumes de Bar; et trois grandes lettres grises qu'on y remarque et qui sont tout à fait dans le goût du XVI⁰ siècle, peuvent lui faire assigner une date assez rapprochée de la rédaction de ces coutumes. Peut-être est-elle sortie vers 1585 des presses de Martin Marchant, soit à Verdun, soit à Pont-à-Mousson, ou, un peu plus tard, de celles d'Etienne Marchant, dans cette dernière ville. En tout cas, elle est antérieure à l'édition que Blaise Andréa a donnée à Nancy, en 1599, et qui, comme on va le voir, contient quelque chose de plus sur les feuillets liminaires. Je crois qu'on peut la considérer comme le premier monument consacré par l'art typographique à la législation coutumière des états soumis aux ducs de Lorraine.

Les autres éditions anciennes des coutumes du Barrois mouvant, sont :

2° COVSTVMES DV BAILLIAGE DE BAR... (même intitulé qu'en l'édition précédente), *A Nancy, Par Blaise Andréa, Imprimeur de son Altesse.* 1599. Un vol. petit in-4°.

Préliminaires, 4 ff., contenant, outre le titre ci-dessus qui porte l'empreinte fort mal gravée de l'écu de Lorraine et Bar, supporté par deux aigles et surmonté d'un alérion couronné, les mêmes pièces que l'édition sans date, avec addition de quatre vers latins, et d'un extrait du privilége ducal daté du 21 novembre

1598. Ces vers sont signés des initiales M. M. (probablement Martin Marlorat) et commencent par *Sit Salamine Solon celebris Spartæque Lycurgus.* Texte, 72 ff. chiffrés, dont le dernier est entièrement occupé par les vers déjà mentionnés de Hurbal et de Dordelu. Viennent ensuite 6 ff. chiffrés à part, et contenant le règlement de justice de 1579.

Cette édition est bien inférieure, sous le rapport de l'exécution typographique, à celle dont il a été parlé précédemment. En voici une troisième qui n'est guère moins belle que la première et qui doit lui être préférée comme plus complète; si, comme je le crois, les presses qui l'ont mise au jour ont en même temps publié, pour y être jointes, les ordonnances dont il va être aussi question.

5° COVSTVMES DV BAILLIAGE DE BAR... *A S. Mihiel, par François et Iean dv Bois, Imprimeurs* de son Altesse. M. DC. XXIII, pet. in-4° (1).

(1) Les *Lettres sur la profession d'avocat,* t. 2, n° 762, citent une édition intermédiaire. *Saint-Mihiel,* 1614, in-4°.

Jean le Paige, maître en la chambre des comptes de Bar, a commenté les coutumes de ce bailliage. Il y a trois éditions de ce commentaire estimé, celles de *Paris,* 1691, in-12, et de *Paris et Bar,* 1712, in-8°, sont aussi citées par MM. Camus et Dupin, au même volume, même numéro. La troisième qu'il ne fallait pas omettre, car elle est bien préférable aux deux autres, est intitulée Coutume de Bar-le-Duc, commentée par feu Charles le Paige, maître des comptes du Barrois, alliée à celle de Saint-Mihiel, 3e édition, augmentée par M. de Maillet. *Toul, Carez,* 1783, 2 volumes in-8°.

Préliminaires, 4 ff., contenant le titre conçu de même que dans les éditions précédentes et empreint des armes de Lorraine et de celles de Bar ; puis les mêmes pièces de vers, mais dans un ordre différent, et une table des titres. Texte : première partie, qui contient les coutumes, paginée de 1 à 140, et suivie de 2 ff. non chiffrés, deuxième partie, contenant le règlement de justice de 1579, paginé de 1 à 13, et suivi d'un feuillet blanc. Les presses de François et Jean Dubois firent paraître la même année, et peut-être en même temps, pour être joint à la coutume, un autre petit in-4°, intitulé :

ORDONNANCES faictes par son Altesse en sa ville de Bar, en l'Assemblée des Estats tenvs en mil six cent & cinq, pour la réformation, ordre & reiglement de la iustice au Bailliage dudict Bar. Auec une autre ordonnance du Roy sur l'Eclarcissement des Concordats interuenus entre Sa Maiesté et sadicte Altesse. *A S. Mihiel, par François et Iean dv Bois, Imprimeurs de son Altesse.* **M. DC. XXIII**, pet. in-4°.

Après ce titre, qui occupe le premier feuillet et sur lequel on revoit les écus de Lorraine et de Bar, vient la première partie du texte, paginée de 3 à 68. La seconde partie, paginée de 1 à 6, renferme une ordonnance fort importante, qui du reste se trouve aussi au Dictionnaire des Ordonnances de Lorraine, par Rogéville (1). Elle est du règne de Henry III, roi de

(1) Au mot BAR.

France, et datée du 8 août 1575. Ce prince y inter-
prétant le concordat passé au sujet du bailliage de Bar
et des prévôtés du Bassigny mouvant, entre Charles IX,
son prédécesseur et Charles III, duc de Lorraine, le
14 mars 1571, déclare que par la réserve de *fief et
ressort*, insérée en ce traité, il n'entend et ne prétend
*autres droits que de féodalité et cognoissance des
causes d'appel tant seulement* : laissant le duc en jouis-
sance des droits de régale et de souveraineté, et de tous
ceux qui en dérivent (1), et confirmant en tous points les
*autres lettres de déclaration ja sur ce accordées et
octroyées*, par le roi son frère, le 18 novembre 1572
et 13 février 1573.

L'ordonnance ducale, pour la réformation de la justice, qui occupe la première partie de ce volume, est
datée du 15 octobre 1605 et précédée d'un long préambule, où Charles III témoigne son mécontentement de
l'inobservation des ordonnances qu'il a déjà rendues
pour être suivies, tant par *les juges magistrats tenant
le siége de justice, que par les avocats, procureurs,
greffiers, notaires, sergents et autres personnes publiques* : les uns continuant de négliger les devoirs de leurs
charges et les autres, *plus amateurs de leurs profictz que
de l'utilité publique, prennent plus que leur labeur ne
peut mériter, soit par escriptures, appointemens, actes judiciaires et contractz et autres choses qui s'ex-*

---

(1) Ils sont énumérés dans l'ordonnance.

pédient journellement. C'est pour porter remède à de tels abus qu'il rend cette nouvelle ordonnance, dont les articles ont été rédigés par les plus anciens avocats et praticiens du bailliage, de concert avec les principaux officiers des siéges de justice, et examinés en son conseil. Quoique rendue en l'assemblée des Etats, il ne paraît pas qu'ils y aient concouru, même par voie de remontrance (1).

Coutumes du bailliage du Bassigny.

Le bailliage du Bassigny comprenait le Bassigny lorrain composé des sénéchaussées de La Mothe et de Bourmont, et le Bassigny mouvant (2). Cette dernière partie était, comme le bailliage de Bar, réputée fief de la couronne de France. On y comptait cinq prévôtés, dont les siéges étaient Conflans, Châtillon-sur-Saône, La Marche, Saint-Thiébaut et Gondrecourt (3).

(1) *Sur la remonstrance à nous faite par aucuns de nos officiers résidant en nostre bailliage.* Préambule du nouveau règlement de justice.

(2) Ainsi désignés pour les distinguer du Bassigny français, dont le siége de justice était à Chaumont.

(3) « On attribue, dit Rogéville, l'établissement des prévosts au » duc Mathieu 1er qui créa ces officiers pour garantir le peuple de » l'oppression des grands, et lui rendre justice. Aussi étaient-ils

A la différence du bailliage de Bar où la juridiction bailliagère avait un siége unique fixé au chef-lieu, les assises du Bassigny se tenaient successivement dans les divers siéges de justice du Bassigny lorrain et de la Mouvance. Elles avaient lieu de trois ans en trois ans *subsécutivement et en suivant l'ancien ordre*, après publications avec affiches, faites quarante jours auparavant ; *esquelles assizes*, aux termes du réglement de procédure et style, devaient, sous peine d'amende, *présentation la veille à la tenue, et le lendemain comparition et assistance, tous les officiers comme procureur général, ses subtituts*, le sénéchal de La Mothe et Bourmont (il n'y avait à ce qu'il paraît qu'un seul titulaire pour les deux sénéchaussées), ses lieutenants, prévôts, mayeurs, leurs lieutenants, faultiers, échevins, gouverneurs des affaires des communautés, procureurs-syndics, notaires, greffiers, sergents, forestiers *et autres ayant charge publique, soit du domaine de son altesse, ou de ses vassaulx et communautez*...... Le bailli du Bassigny, seul de tous les baillis de Lorraine, transportait ainsi sa juridiction d'un lieu à l'autre, comme les baillis et sénéchaux français à qui Charles IX avait enjoint, par ordonnance du 16 novembre 1567, *de faire le tour et circuit de leurs bailliages et sénéchaussées, y*

» gens de robe et d'épée tout ensemble, comme on le voit par le
» titre de capitaine, que d'ordinaire ils portaient continuellement,
» avec celui de premier chef de police.»

*faisant tenir leurs assises dans les lieux et temps ac-
coutumés.*

Les appels des jugements des deux siéges de La Mothe
et de Bourmont étaient portés à la cour des Grands jours
de St-Mihiel. Les siéges de la Mouvance ressortissaient,
comme le bailliage de Bar, à Sens ou à Paris, suivant
l'importance des causes; toutefois, avant le concordat du
14 mars 1571, c'était au bailliage de Chaumont en Bassigny qu'étaient portés les appels provenant de la prévôté de Gondrecourt.

Les Etats du Bassigny furent convoqués dans la ville
de Bourmont en 1571, pour la rédaction des coutumes
de ce bailliage. Un projet fut dressé; mais il parut au
conseil du duc, contraire, en plusieurs articles, à l'ancien
cahier de coutumes qui devait servir de base à cette rédaction, et les choses en restèrent là jusqu'en 1580. Il y
eut alors une nouvelle convocation des Etats; des lettres-
patentes adressées par Charles III à Philbert du Chastellet, bailli du Bassigny (1), *ou à son lieutenant général,* lui prescrivirent d'assembler, le 7 novembre, dans
la ville de La Mothe, *les gens d'église, les vassaulx et
gens de la noblesse,* ainsi que *ceux du tiers estat,* pour
entendre exposer les motifs qui rendaient nécessaire une

(1) Philbert du Châtellet, bailli de Bassigny en 1571, et Jean de
Beauvau, qui avait cette charge en 1605, étaient tous deux de la
chevalerie du duché de Lorraine. La maison du Châtellet était
comme l'on sait, une branche cadette de la famille ducale.

nouvelle révision des coutumes qu'il s'agissait *de réndre tant plus certaines à l'avenir et d'establir pour loix inviolables;* et pour donner à ce sujet *leur advis,* et faire *leurs remonstrances.* Les membres des Etats étaient du reste autorisés à se faire représenter *par procureurs suffisamment fondez.* Ordre fut donné en conséquence au premier huissier du bailliage, à peu près dans les termes que nous avons vu employés par le bailli de Bar, et qui laissent ignorer comment furent données les assignations. On y remarque de plus cette phrase et surtout la finale, dont les législateurs du XIXe siècle n'ont fait que rafraîchir le langage. *Et en oultre signifier aux communautez des villes, bourgs et villages dudict bailliage que nous leur avons permis s'assembler en faict de communauté, pour passer procuration pardevant la justice des lieux, pour le faict de ladicte convocation, contenante leurs remonstrances et consentement qu'ilz entendent faire, sans qu'aux dictes assemblées ils puissent traicter et adviser d'autres choses.* C'était, comme on le dirait aujourd'hui, un mandat impératif que les communautés du Bassigny devaient conférer à leurs députés.

Le jour de la convocation et les jours suivants, tout se passa à peu près comme aux Etats de Bar, les curés des villages figurant aussi dans l'ordre du clergé, les veuves et *damoiselles* au nombre des vassaux. La représentation du tiers état était la même, si ce n'est qu'on y avait adjoint les sergents ou huissiers du bailliage. Le 10 novembre, une commission de rédaction fut également nommée; mais au lieu de neuf membres, on en nomma quinze, cinq pour chaque état, qui furent autorisés à *accorder, et conclure au nom de tous les assistants, sur le fait de ladicte rédaction et y faire ce qu'ils trouveroient expédient.* Le bailli fit connaître leur élection, avec avertissement que, si des membres de l'assemblée *avoient aucune cause de suspicion contre aucun d'eux, et ils les vouloient alléguer, ils y seroient reçus;* et comme chacun garda le silence, cette élection fut confirmée et les élus prêtèrent serment. On ne voit pas dans le procès-verbal que les membres de l'assemblée aient été avertis en même temps, comme aux États de Bar, du droit qu'ils avaient d'assister aux séances de la commission pour *accorder, débattre, et faire telles remonstrances que de raison;* et l'absence de cette mention concorde avec les pouvoirs illimités donnés aux commissaires, afin d'*éviter aux frais et dépens excessifs et ne tomber en confusion.* Le 19 novembre, la commission apporta un projet de coutume rédigé par elle, après examen du cahier de 1571 et des articles que l'autorité ducale avait jugé convenable d'y substituer; et l'abbé de Flabémont, l'un de ses membres, fut chargé de présenter ce projet au duc, *requérant très-humblement son Altesse qu'il lui plust procéder à l'homologation d'iceluy :* ce qui eut lieu sans retard. Les lettres-patentes d'homologation furent données le lendemain 20 novembre, et le 21 la publication des coutumes du Bassigny eut lieu dans la salle des Etats et sur les réquisitions du procureur général, par ordre du bailli qui les fit de nouveau lire, publier et enregistrer dans chacun des siéges du bailliage.

Le 20 mars 1585 ces coutumes furent, à cause de la mouvance d'une partie du bailliage, remises au greffe du parlement de Paris.

Les commissaires nommés par le tiers état pour la rédaction des coutumes du Bassigny, et il est à croire qu'elle fut en très-grande partie leur ouvrage, furent *maistres* Mammès Collin, *licencié ès droicts*, Mathieu Aubertin, Regnault Gorret, et Olivier de Hasterel, les trois premiers, avocats, et le quatrième, procureur au bailliage, et Jean Gourdot, *substitut du procureur général en la terre et prévosté de Gondrecourt* (1). Le

(1) Les membres de la commission, élus par le clergé et par la noblesse d'une part, étaient : « Révérends père en Dieu Anne du » Chastellet, abbé de Flabémont ; Philippes de Choiseul, abbé de » Mureau ; Gabriel de St-Belin, abbé de Morimont ; maistre Nicol » Levain, doyen de la chrestienté de Bourmont, chanoine de La Mothe » et maistre Paul Huart, doyen de la chrestienté de Gondrecourt et » curé dudit lieu » D'autre part « Hault et puissant seigneur Jean du » Chastellet, chevalier de l'ordre du roi, seigneur des Thons, lieute- » nant de cent hommes d'armes sous son altesse, gouverneur de » Langres; René d'Auglure, seigneur de Lignéville et Meslay, con- » seiller de mondict seigneur le duc, gouverneur et capitaine de » la Mothe ; Christophe de Choiseul, chevalier de l'ordre du roi, » gentilhomme de sa chambre, seigneur de Chamerende et Vere-

premier qu'on voit figurer sur la liste du tiers-état dn Bassigny Lorrain, et sur celle du Bassigny mouvant, fut aussi du nombre des praticiens (1) qui furent chargés en 1604, par Jean de Beauvau, alors bailli du Bassigny, de rédiger un réglement de procédure et style, pour chacune des deux parties du bailliage; et c'est par ses soins que parut, en 1607, l'édition originale des coutumes et de ces deux réglements. Il était à cette époque lieutenant général du bailliage.

Le duc avait, sur les remontrances de son procureur général au bailliage de Bassigny, *maistre* Claude Jaquinet *licencié es droictz*, ordonné qu'il fût dressé un réglement de procédure et style, et les Etats étaient restés à peu près étrangers à cet indispensable complément de la législation civile du bailliage (2). Il lui parut toutefois

» court en partie; Jacques de Luz, chevalier dudict ordre, seigneur
» de Bazoilles en partie, Neufville en Verdunois, et honoré seigneur;
» Claude des Verrières, chambellan de sadicte altesse et seigneur
» d'Amanty.

(1) Sous cette dénomination on comprenait indifféremment en Lorraine les avocats et les procureurs, entre lesquels il ne s'établit de distinction que quand l'université de Pont-à-Mousson fut organisée, et qu'il y eut pour les avocats obligation d'être gradués ès lois.

(2) *Chose autant nécessaire que la coustume*, dit l'éditeur de celle du Bassigny, dans son épître dédicatoire, *et le vray moyen pour la praticquer et relever le peuple de tant de frais que souvent il convenoit faire pour la vérifier, par tourbes et autrement.*

convenable de le soumettre à leur approbation ; mais au lieu de les convoquer, comme on avait fait pour la réformation des coutumes, ce fut lors de la tenue des assises, où les Etats des prévôtés et sénéchaussées avaient été appelés, par publication avec *clause expresse* et par affiches, et pour laquelle le bailli se transporta successivement dans tous les chefs-lieux de juridiction, qu'il leur fût, en novembre et décembre 1604, donné dans chaque siége, après appel nominal, lecture et communication du règlement de procédure. *Les gens des trois Estats* ayant été ensuite invités à donner *tel consentement et advis que chacun d'eux trouverait estre pour le bien de la justice et le soulagement du peuple,* les suffrages se trouvèrent partout favorables, à quelques réserves près, à la réception du règlement proposé.

L'homologation ducale fut donnée le 5 avril 1506, et les lettres patentes qui la contiennent prescrivirent l'impression des coutumes et du style dans le même volume: afin que ce fût chose connue et manifeste à tous, et que personne n'en prétendit cause d'ignorance. La publication et l'enregistrement dans tous les siéges *ex asisses ou journées ordinaires* furent également ordonnés.

C'est à Pont-à-Mousson que parut l'édition originale des coutumes du Bassigny. Elle pourrait passer pour un livre bien imprimé, si les petites capitales n'y présentaient trop souvent le mélange d'italique et de romain. Voici au surplus les détails bibliographiques qui la concernent.

COVSTVMES GENERALES DV BAILLIAGE DV BASSIGNY. Redigees par les trois Estats d'iceluy connuocquez à c'est effect par Ordonnance de Serenissime Prince Charles par la grace de Dieu, Duc de Calabre, Lorraine, Bar, Gueldres &c. Et omologuees par son Altesse au mois de Nouembre, Mil cinq cent quatre vingt. Avec le Style contenu au cayer suiuant. *Av Pont-a-Movsson, Par Melchior Bernard, Imprimeur de sadicte Altesse en l'Vniversité dudict Pont*. 1607... Un vol. pet. in-4°

Prélim. 5 ff. chiffrés sur lesquels commence la série des signatures. Ils contiennent le titre aux armes ducales; une épître adressée au duc Charles III par l'éditeur Mammès Collin, six pièces de vers latins sur la rédaction des coutumes(1) et l'extrait du privilége pour l'impression. Texte 118 ff. chiffrés, sur lesquels on rencontre successivement : fol. 1, les coutumes ; fol. 32, le procés-verbal des Etats suivi des lettres d'homologation et des noms de ceux qui ont comparu à l'assemblée; fol. 63, Style commun et forme de procéder en justice au bailliage du Bassigny, en ce qui est du ressort de la cour des Grands jours de Saint-Mihiel... suivi du procés-

(1) Au-dessous de ces vers, on lit les noms de P. Daudenet, de Bar-le-Duc, conseiller privé du duc de Lorraine pour les affaires de Bar, d'Antoine Du Bois, licencié en droit et avocat au bailliage du Bassigny, et de Jean Collin, de La Mothe, fils du lieutenant général du même bailliage.

verbal de réception par les Etats des sénéchaussées (1);
fol. 89, style commun et forme de procéder en justice,
suivi du procès-verbal de réception par les Etats des
prévôtés ; fol. 117 verso, lettres d'homologation du
style. A la fin un feuillet non chiffré contenant les tables
des titres de la coutume et du style.

Coutumes du bailliage de Saint-Mihiel.

Le bailliage de Saint-Mihiel était la partie du duché
de Bar qu'on appelait le Barrois non mouvant, ou Barrois
lorrain, parce que le duc de Lorraine y exerçait les
droits de régale et de souveraineté, sans être tenu comme
pour le bailliage de Bar à hommage-lige envers la couronne de France. C'était en son nom et par des juges
de son institution que la justice y était rendue, tant dans
les prévôtés et au siége du bailliage, qu'en la cour des
Grands jours.

La cour des Grands jours est appelée aussi, dans les anciennes ordonnances, *les Hauts jours de Sainct-Mihiel*

---

(1) On remarque, entre autres articles communs au règlement
de procédure des sénéchaussées et à celui de la Mouvance, l'article 7 du titre III, ainsi conçu :

« Tous juges signent le *dictum* de leurs sentences et mettent
» en marge les *espices et visa* qu'ils ont receu et, *s'ils ne sçavent*
» *signer*, ils doivent faire signer par leur greffier.

Sa création remonte aux premières années du **XIV**° siècle, lorsque Henry III comte de Bar, qui s'était reconnu
par le traité de Bruges en 1301, *homme lige du roi de
France, pour tout ce qu'il tenoit en franc allœuf par delà de la Meuse, vers le royaume de France*, transporta
dans la partie de ses états où ses droits régaliens n'avaient
souffert aucune atteinte le siége de sa justice souveraine. Les comtes et ducs de Bar y rendaient eux-
mêmes la justice, avec leur conseil et les principaux seigneurs *ordonnés par eux*. Les plus anciens jugements
de cette cour, dont les assemblées tenues d'abord sans
périodicité devaient plus tard, aux termes d'une ordonnance ducale rendue en 1449, avoir lieu tous les trois
ans, remontent à 1374 (1). En 1532 le duc Antoine cessa
d'y siéger en personne, et se fit remplacer par une commission à laquelle il donna un président en titre d'office.
Elle fut réorganisée en 1571, par un édit qui n'ajouta
rien à l'étendue de son ressort, borné dans l'origine au
Barrois non mouvant, sauf quelques entreprises de juridiction sur le bailliage de Bar, aux sénéchaussées de la
Mothe et Bourmont et au bailliage de Clermont dont
le siége était à Varennes; mais des ordonnances subséquentes y réunirent les bailliages d'Aspremont et de Hatton-

(1) Il en est sans doute de plus anciens qui sont restés
ignorés. Dom De L'Isle (Hist. de l'abbaye de Saint-Mihiel), cite
une commission rogatoire donnée au bailli de Bar, le 14 juin 1346,
par la cour des Grands jours de Saint-Mihiel.

chàtel. Enfin le bailliage de Chàtel-sur-Moselle fut compris dans ce ressort par ordonnance du 31 décembre 1574, confirmée l'année suivante. En 1641, la juridiction de cette cour s'étendit sur tout le duché de Lorraine où Charles IV avait supprimé les assises. Enfin en 1667, son siége fut transféré à Nancy après plusieurs variations dont Rogéville a donné l'histoire. Elle avait, à compter de 1605, comme on le verra ultérieurement, substitué à sa dénomination de cour des Grands jours celle de cour souveraine et parlement.

Il est à remarquer que la réorganisation de cette cour en juridiction permanente et régulière eut lieu la même année que la réunion des Etats pour la rédaction des coutumes. Ce fut par ordonnance du 8 octobre 1571 que Charles III créa, au lieu de la commission de justice supérieure établie par le duc Antoine son ayeul, et constitua *par forme de siége permanent et perpétuel un jugement souverain, stable et rességant en la ville de Sainct-Mihiel, pour cognoistre, décider et mettre à exécution tous les procès et causes dont la cognoissance étoit portée aux Grands jours, et par dernier resort, sans aucun remède des arrêts y donnés.* Et quelques jours après, ainsi qu'on va le voir, commencèrent dans cette partie du Barrois les travaux préparatoires de la législation civile (1).

(1) V. pour plus amples détails, Rogéville, Dictionnaire des ordonnances de Lorraine, au mot *Cour souveraine*, t. 1er et suppl^t.

Les Etats du bailliage de Saint-Mihiel convoqués
pour la rédaction des coutumes, par ordonnance du 13
août 1571 annoncée par cri public dans tous les chefs-
lieux de prévôté et publiée dans chaque mairie, s'assemblèrent à Saint-Mihiel le 23 octobre suivant (1). Le
mandement du bailli de Saint-Mihiel pour la publication
de cette ordonnance, dont l'exécution lui était confiée,
laissait *aux gens d'église, vassaux et gens de noblesse, à ceux du tiers estat, à tous officiers du duc et de
ses vassaux résidant audit bailliage* ainsi ajournés,
l'option de comparaître personnellement, ou par fondés
de procuration, en l'auditoire du bailliage pour y
tenir leurs séances, ou de se conformer simplement à l'ordonnance ducale qui ne leur demandait que de s'accorder entre eux, à l'effet de commettre et *député jusques
à deux ou trois personnages des plus notables d'entre
eux, et d'un chacun desdits Estats, pour se trouver
audict Sainct-Mihiel suffisamment fondez de procu-*

(1) Le même jour s'assemblèrent aussi, pour la rédaction de leurs
coutumes, les Etats du bailliage de Clermont, convoqués par Gas-
pard de Marcossey, bailli du Clermontois. Le *Coutumier général
de France* ne présente qu'un extrait négligemment fait, pour ne pas
dire pis, du procès-verbal de cette session, où trente-sept personnes
comparurent pour le clergé, soixante-quatorze pour la noblesse,
et où le tiers état fut représenté par le lieutenant particulier du
bailliage, et par soixante-douze autres députés. Les lettres patentes
du Duc sont à peu près dans les mêmes termes que celles qui furent données pour le bailliage de Saint-Mihiel.

*ration...,et adviser ensemble sur les cayers et articles
de coustumes qui leur seroient proposés* par le bailli ou
le lieutenant général du bailliage. Soit impossibilité de
s'entendre chez eux sur le choix de leurs députés, soit
qu'ils crussent utile de faire acte de présence pour le
maintien des priviléges du bailliage, les membres des
États comparurent et ne nommèrent cette commission de
rédaction qu'en assemblée générale, après qu'on le leur
eut *ordonné,* et qu'on leur eut fait lecture des *rooles et
articles des anciennes coutumes observées au bailliage.*
On voit figurer parmi eux, dans l'ordre du clergé, les
curés des villages, et dans le tiers état, les députés de
ces mêmes villages, au nombre de deux généralement
pour chaque communauté. Les villes et les bourgs
avaient une représentation un peu plus nombreuse,
composée de magistrats municipaux et de députés; et,
entre autres, Pont-à-Mousson qui dépendait alors du
bailliage de Saint-Mihiel, était représenté par son prévôt, son maître échevin et deux députés. A ces envoyés
du tiers état s'étaient adjoints dans chaque localité les
officiers du duc, nobles ou roturiers, et ceux de ses
vassaux.

La première séance fut comme d'usage employée à
l'appel des membres des États; défaut fut requis par
le procureur général et donné par le bailli contre les
non comparants. La commission de rédaction nommée
dans la seconde séance qui eut lieu le même jour, et
après laquelle il paraît que les États se séparèrent, était

composée : pour le clergé, de René Merlin, abbé de
Saint-Mihiel, Nicolas Bousmard, chanoine et archidiacre
de Verdun (1) et Jean Vigneron, prévôt de la collégiale
de Sainte-Croix à Pont-à-Mousson; pour la noblesse,
de Bernardin de Lenoncourt, chevalier, Martin de Cus-
tines, baron, et Jean Fresneau sieur de Pierrefort. Le
tiers état avait élu deux avocats du bailliage, Jacob Bus-
selot et Claude Sarrazin; le troisième délégué était un fi-
nancier, Toussaint Groullot, contrôleur des prévôté, re-
cette et gruerie de Saint-Mihiel. Ils avaient charge de se
faire remettre les cahiers et articles des coutumes, *pour
les recongnoistre, esclarer, retrancher ou augmenter
comme ils trouveroient au bien et repos public appar-
tenir,* mais tout cela *sous le plaisir et bonne volonté de
nostre dit seigneur,* dit le procès-verbal de la session, qui
contient aussi de la part des Etats promesse *d'avoir et tenir pour agréable tout ce que par lesdits députés, seroit,
sur ce fait négocié et arrêté sous ledit bon plaisir.* Ces
commissaires, qui devaient délibérer au nombre de six
au moins, se mirent à l'œuvre le 19 novembre 1571; et le
12 décembre suivant ils rapportèrent les *articles anciens
et nouveaux, avec leur besogne,* entre les mains de
Jean de Lenoncourt que le duc avait nommé bailli de
Saint-Mihiel, à la place de Perrin de Watronville décédé
depuis la convocation des Etats (2). Il en fut aussitôt

(1) Depuis évêque de Verdun.

(2) Perrin de Watronville était de la chevalerie du marquisat de
Pont-à-Mousson; Jean de Lenoncourt, de celle du duché de Lorraine.

donné communication à l'avocat du duc et à son procureur général,Maître Antoine de Rosières et Maître Jean
le Pougnant,qui revinrent le lendemain *protester* devant
le bailli, et en présence des députés, que l'homologation
des coutumes ne devait pas préjudicier aux ordonnances
et édits du prince, qui pourrait, quand bon lui semble-
rait, *abroger les dites coutumes ou partie d'icelles, les
interpréter et esclairer à son bon plaisir comme Prince souverain : la puissance et autorité duquel ils n'en-
tendoient estre restreinte ni limitée, ains demeurer en
son entier.* Le bailli donna acte de ces protestations et
renvoya le tout au duc, *pour y ordonner son bon plaisir.*

Les choses en restèrent là , malgré les instances des
gentils-hommes du bailliage pour obtenir l'homologation
du texte arrêté par les Etats (1). Le gouvernement ducal,
à qui probablement ce texte ne convenait pas,n'avait hâte
de le sanctionner; et plus tard l'attention du souverain fut
détournée des travaux législatifs *par la guerre dont un des
principaux effets est d'endormir et faire cesser ceux de la
justice* (2).Ce fut seulement en 1596 que Charles III chargea Théodore de Lenoncourt, alors bailli de Saint-Mihiel,
de revoir avec le procureur général du Barrois, et une

-----

(1) Remonstrances faites à Monseigneur par les gentilshommes
de l'estat de la noblesse de son pays de Saint-Mihiel , ès assises
générales tenues à Estain, le quinziesme jour de mai 1579 et jours
suivants.

(2) Préambule de l'ordonnance de 1595.

commission composée d'avocats et praticiens du bailliage et de quelques membres de la cour des Grands jours, les cahiers des coutumes dressés par les députés des trois états. Ce travail de révision, différé par diverses causes, eut lieu en mai 1598 à Saint-Mihiel, où trois séances y furent consacrées ; puis il fut envoyé à Nancy par l'ordre du duc et soumis à l'examen de son conseil d'état composé de personnages éminents, tant du clergé que de la noblesse, et de magistrats supérieurs, parmi lesquels on remarque Jacques Bournon (1), président, et Warin de Gondrecourt, conseiller de la cour des Grands jours. On leur avait adjoint Jean Bourgeois, procureur général du Barrois et Pierre Galloys, lieutenant particulier au bailliage de Saint-Mihiel qui avaient fait partie de la commission de révision. Ces deux derniers magistrats furent aussi, en exécution des ordres du prince, chargés de rédiger des articles d'or-

(1) Lors de l'assemblée des Etats, en octobre 1571, pour la rédaction des coutumes du Clermontois, Jacques Bournon était procureur général de ce bailliage, qui ressortissait aux Grands jours de Saint-Mihiel. Il fut depuis appelé aux fonctions plus éminentes de procureur général du Barrois, dont il se démit en 1587 en faveur de son fils. Nommé quatre ans après à la présidence de la cour souveraine des Grands jours, qu'il conserva jusqu'à sa mort, arrivée en 1611, Bournon était en même temps conseiller d'état. Il avait aussi été maître des requêtes, et c'est avec cette qualité qu'il est dénommé dans l'ordonnance d'homologation des coutumes de Bar. Son portrait a été gravé par le célèbre Woeirriot.

donnance pour le style et règlement de la justice en ce bailliage : ce qu'ils firent en prenant avis du président et de trois conseillers de la cour souveraine. Leur travail et celui de la commission de Saint-Mihiel, ayant reçu l'approbation du conseil d'état, furent présentés à l'homologation du prince, qui eut lieu par ordonnance du 12 novembre 1598. Un cri public fait à Saint-Mihiel par ordre du bailli, et des affiches apposées aux lieux accoutumés invitèrent de nouveau tous *prélats, gens d'église, gentilshommes vassaux et autres résidant au bailliage, de toute qualité et condition, à se trouver, si bon leur sembloit,* le 17 décembre suivant en l'auditoire du siége, où il fut procédé sur les réquisitions du procureur général du Barrois, et avec les solennités et formes en usage, à la lecture et publication des coutumes générales et des ordonnances sur le style.

La coutume de Saint-Mihiel a été publiée pour la première fois en 1599. Le volume qui la renferme est intitulé :

COVSTVMES DV BAILLIAGE DE SAINCT-MIHIEL. auec les Ordonnances faictes sur le style,&règlement de la Iustice, au Siége dudit Bailliage, & ès Inferieurs y ressortissants. Redigees par escrit par Ordonnāce de Serenissime Prince Charles par la grâce de Dieu, duc de Calabre, Lorraine, Bar, Gueldres, &c. Et homologuées par son Alteze au moys de Nouembre, Mil cinq cent nonante huict. *Av Pont-à-Movsson. Par Melchior Bernard, Imprimeur de Monseigneur le Duc de Lorraine.* 1599... pet. in-4°.

Préliminaires, 4 ff. contenant le titre ci-dessus, aux armes pleines de Lorraine supportées par deux aigles, couvertes du manteau ducal et surmontées d'un alérion couronné; une épitre *à son Alteze* par Jean Bourgeois, datée du 1ᵉʳ février 1599 ; l'extrait du privilége ducal donné pour dix ans le 24 décembre 1598 et la table des titres des coutumes. Texte, 90 ff. chiffrés dont les 33 premiers sont occupés par les coutumes nouvelles, et sur lesquels se trouvent ensuite : fol. 34, le procès-verbal des Etats suivi de l'Ordonnance d'homologation; fol. 55, les anciennes coutumes du bailliage ; fol. 64, Ordonnances sur le style et réglement de la justice. La table des titres de cette dernière partie est au verso du 90ᵉ feuillet.

Cette édition est bien exécutée à quelques détails près, et si, comme je le crois, c'est le premier produit des presses de Melchior Bernard, on peut la considérer comme un beau début dans la carrière typographique. Les anciennes coutumes du bailliage, insérées dans le volume, sont composées de 54 articles dont on ne retrouve guère que la substance dans la nouvelle rédaction; et encore est-il douteux qu'elle ait été soigneusement conservée, en tout ce dont le maintien n'intéressait pas l'autorité ducale. Il n'est pas question de ce texte dans l'ordonnance d'homologation qui interdit formellement *d'alléguer, poser, articuler ni faire escrire dorenavant... soit en jugement ou dehors... autre coustume que ce qui en est escrit par les articles* du cahier dressé par les Etats en 1571, revu et examiné de rechef en 1597. Le cahier des anciennes coutumes ne renfermait donc plus qu'une lettre morte; et s'il reparait à la suite du texte légal, ce n'est plus que comme monument du droit coutumier, tel qu'il existait avant la nouvelle rédaction.

En 1600, quelques gentilshommes vassaux du bailliage de St-Mihiel ayant élevé des griefs contre la rédaction des coutumes, prétendant que plusieurs articles y avaient été introduits contrairement aux anciennes coutumes, et à ce qu'avait proposé la commission des Etats, le duc chargea, par mandement du 28 mars, la cour de St-Mihiel, de vérifier s'il en était ainsi, et de l'en informer; parce que, dit-il, il avait donné à ces gentilshommes parole de faire, *dès présente année, assembler les trois Estats, pour examiner leurs prétendus griefs et en prendre résolution.* Les choses en restèrent là pour quelques années, quoique ces griefs eussent trouvé de l'écho aux Etats généraux assemblés à Nancy (1). Ils y avaient

(1) Griefs généraux de MM. des Estats, convoqués à Nancy le treiziesme mars 1600..."Fault insister au grief pour obtenir...
« 1° Qu'il plaise à son Altesse, sans avoir égard à l'homologation
» des coustumes du bailliage de Saint-Mihiel, que *depuis peu il*
» *luy a plu faire de son authorité seule,* ordonner une assemblée
» générale des Estats d'iceluy pour revoir les cayers desdites
» coustumes, à celle fin de pouvoir traicter et résoudre avec Sadite
» Altesse sur certains articles qui sont esté passés sans qu'ils soient
» esté ouys, et lesquels sont contraires tant à l'ancienne obser-
» vance, qu'aux droicts et priviléges des prélats et vassaulx dudit
» bailliage. Son Altesse sera requise de préfiger un jour.» Et à la

même été reproduits avec une vivacité d'expression, et
une insistance dont on peut induire avec grande pro-
babilité, que la noblesse du bailliage de Saint-Mihiel,
blessée dans ses privilèges par la nouvelle rédaction
des coutumes, regrettait de s'en être remise *au bon plaisir et à la bonne volonté de son Altesse ;* et que ses représentants aux Etats généraux du duché n'entendaient
pas, ou n'entendaient plus, comme Maître Antoine
de Rosières et Maître Jean le Pougnant, que la puissance du Duc ne devait point être limitée, ni son autorité
restreinte.

En 1607, lors de l'assemblée des Etats généraux, qui
eut lieu à Nancy le 5 mars, la demande d'une convocation des Etats, pour la révision des coutumes, fut
renouvelée (1). Ordonnance fut rendue à cet effet, le

marge, en écrit : « Son Altesse sera suppliée très-humblement de
» rechef préfiger un temps pour ladite assemblée, et attendant
» icelle qu'il plaise à Sadite Altesse déclarer que s'il arrivoit quel-
» que accident, comme pour les forfuyants ou aultrement, qu'il ne
» pourra préjudicier aux prélats et vassaulx dudit bailliage, jusques
» aultrement il en soit ordonné à ladite assemblée. »

Ce grief ne précise pas les articles contre lesquels réclamaient
les prélats et gentilshommes du bailliage de Saint Mihiel. Il est à
croire que c'était, entre autres, l'article XII du titre 1er *de l'Estat
et Condition des personnes,* ainsi conçu : « Néanmoins toutes per-
» sonnes dudit bailliage sont censées franches et libres, s'il n'ap-
» pert du contraire. »

(1) « Ayant de plus son Altesse esté requis d'assembler les Estats du

5 septembre, avec convocation pour le 26 du même mois. Le tiers état, et surtout le clergé, ne furent pas, à beaucoup près, si nombreux à cette assemblée qu'à celle

» bailliage de Saint-Mihiel pour prouvoir à quelques articles des
» coustumes dudit bailliage, desquelz lesdits Estats se sont
» plainctz, son Altesse a dict qu'il les assembleroit cest esté
» prochain. Et sur la supplication faicte par les gens de l'ancienne
» chevalerie et leurs pairs fiefvez, que leur fust accordé pareille
» grâce dans le bailliage de Saint-Mihiel, pour le ressort d'iceluy,
» qu'il a faict par ses lettres du 1er septembre 1596 aux résidantz
» ès trois bailliages de Lorraine, et suivant l'ampliation qu'il a
» accordée aux Estatz présentz, son Altesse a dict qu'il advisera
» sur leur demande à ladite assemblée. »

L'ordonnance, dont l'extension est réclamée en faveur de la chevalerie du bailliage de Saint-Mihiel, est celle dont Rogéville a donné le texte (Dict. des Ordonn. de Lorr. au mot *Noblesse*) et qui, motivée sur *les franchises, prééminences et autorités de ceux de la noblesse, ancienne chevalerie du duché de Lorraine*, leur accorde, entre autres priviléges, s'ils sont résidants en l'un des trois bailliages de Nancy, Vosges et Allemagne, de ne pouvoir être jugés en matière criminelle que par le maître échevin et les échevins de Nancy, assistés, pour l'instruction et la confection du procès, d'un nombre égal de gentilshommes de la même qualité, jusques à sentence définitive exclusivement : la résolution et la prononciation du jugement demeurant aux maître échevin et échevins seuls. Il ne paraît pas que le duc ait donné suite, autrement que par une simple promesse restée sans exécution, à la demande qui lui fut faite aux États généraux de 1607, et l'on ne connaît aucun acte législatif de son règne qui, assimilant la chevalerie du Barrois non mouvant à

de 1598. Une commission y fut nommée de la même manière, et en même nombre que l'avait été la commission de rédaction ; mais le tiers état restreignit expressément

celle des trois bailliages de Lorraine, lui accorde les mêmes privilèges en matière criminelle. On conçoit du reste que, rencontrant dans les privilèges de la chevalerie lorraine de fréquents obstacles à l'exercice, et surtout à l'extension de leur pouvoir, nos Ducs n'avaient garde d'en accorder bénévolement de semblables à la noblesse des autres états de leur souveraineté.

Je viens de dire qu'il y eut à ce sujet, de la part de Charles III, une promesse inexécutée. Elle est rappelée en ces termes au cahier des griefs, remontrances et supplications des États généraux assemblés en décembre 1614, art. 7 : « Sadite Altesse est aussi » très-humblement suppliée d'accorder la même grâce à Messieurs » de l'ancienne chevalerie et à leurs pairs résidants ès pays de » l'obéissance de Sadite Altesse, hors des bailliages de Nancy, » Vosges et Allemagne, excepté ès lieux de mouvance, ainsi et » comme feue son Altesse l'avait promis à mesdits gens de l'an- » cienne chevalerie des bailliages et ressorts de Saint-Mihiel et » Clermont. » C'était à Henry II que les États adressaient leur demande, réitérée encore en l'article 10 où on lui représente que son autorité n'en sera point affaiblie, que ses droits n'en recevront aucune atteinte, « pas plus que les droits de ses vassaux lorsqu'ils ont » le grade d'être qualifiés de l'ancienne chevalerie de Lorraine, » nonobstant leur résidence ailleurs dans ses pays, où ils ne sont » pas moins ses serviteurs que s'ils résidoient esdits trois bailliages; » et les sieurs de l'ancienne chevalerie ajoutaient : « On annonce à jamais cette grâce pour péculière et particulière de son Altesse. » Ce fut sans succès, et ils obtinrent pour toute déclaration les pouvoirs de ses commissaires à la simple réception *des articles qui seroient proposés par l'estat ecclésiastique et par celui de la noblesse, sans toutes fois qu'ils pussent et leur fust loisible résoudre aucune chose sur iceux, que premièrement ils ne fussent communiquez aux députez des villes et communautez qui s'estoient présentés en ladicte assemblée. Déclarant lesdits du tiers estat qu'ils n'avoient rien à proposer contre les coustumes dudit bailliage et les ordonnances faites sur le style et règlement de la justice, homologuées par son Altesse. Néanmoins s'il plaist à son Altesse y ajouter, diminuer ou changer quelque chose ils n'y trouveroient à redire.*

Les trois commissaires de la noblesse (il n'est pas question des autres) rapportèrent le 29 septembre, après les avoir examinés, *les articles qui leur avoient esté mis ès mains.* Il en fut fait lecture à l'assemblée, qui chargea ces mêmes commissaires de les présenter *à son Altesse, avec supplications très-humbles qu'il lui pleust les recevoir et déclarer sur iceux sa volonté.* Le 3 sep-

que quant à ce qui concernait l'extension du privilége en question, hors des trois bailliages, son Altesse s'arrêtait à ce que précédemment elle avait déjà répondu. Cette réponse que l'on trouve au même cahier de 1614, à la suite de l'article 1er des griefs, était que pour plusieurs grandes et justes considérations, le duc ne pouvait étendre les priviléges de l'ancienne chevalerie, hors des trois bailliages de Nancy, Vosges et Allemag ne.

tembre, les mêmes députés revinrent avec une ordonnance en onze articles, les uns additionnels, les autres interprétatifs ; mais qui, pour la plupart, se rattachent au style et règlement de justice, et à un édit du 1er mars 1605, sur la passation des contrats.

Le peu d'importance de ces articles, dont la rédaction avait été probablement devancée par l'usage et la jurisprudence, n'est nullement en rapport avec l'insistance que, depuis huit ans, les gentilshommes du bailliage mettaient à réclamer la révision du texte homologué par le duc, en 1598. On est presque réduit à dire, pour expliquer le concours nombreux de la noblesse aux Etats de 1607, que l'arrivée de Charles III à Saint-Mihiel lui étant annoncée par l'ordonnance de convocation, elle se croyait sans doute obligée d'y aller pour recevoir ce prince et de lui faire cortége. Avait-elle renoncé à ses griefs. Reconnaissait-elle que le duc n'avait fait qu'un acte de légitime puissance, en homologuant un texte de révision contraire à d'anciens usages, sans qu'il eût été examiné ailleurs que dans son conseil et soumis à l'approbation des Etats? Il y a lieu de le croire, lors surtout qu'on lit au procès-verbal des Etats de 1607, que le procureur général ayant protesté de nullité contre tout ce qui serait proposé au préjudice des droits de son Altesse et de ses édits et ordonnances, le seigneur de Maillanne, maréchal de Barrois, répondit au nom des Etats qu'ils n'entendaient en rien *préjudicier aux édits et ordonnances de Sadite Altesse, ni rien proposer contre ses droits et authorités, ni pareillement résoudre, conclure et arrester aucune chose sur le fait des coustumes dudit bailliage, ou règlement de la justice, que par le bon plaisir de Sadite Altesse et de son authorité; après que le tout lui aura été représenté en son conseil et qu'elle y aura ordonné.*

Au surplus, il est à croire que si les gentilshommes du bailliage de Saint-Mihiel s'étaient montrés plus exigeants aux États de 1607, et si, comme l'annonçaient les griefs exposés en leur nom aux États généraux de 1600, ils avaient voulu contester le pouvoir législatif du prince, le tiers état, intéressé non-seulement au maintien, mais à l'accroissement de ce pouvoir, aurait opposé une force d'inertie suffisante pour paralyser leurs efforts. Son attitude, lorsqu'il s'agit de nommer la commission de rédaction, et les pouvoirs très-restreints qu'il donne à ses commissaires, indiquent assez l'intention de maintenir ce qui avait été arrêté, en 1598, au conseil du prince, et de n'accepter de changements dans le texte des coutumes que ceux qui émaneraient de cette source.

Sept mois après cette session des États du bailliage de Saint-Mihiel, Charles III mourut sans avoir signé l'ordonnance d'homologation des onze articles complémentaires des coutumes; et ce fut seulement le 23 juillet 1609, qu'après avoir revu ces articles (1), son successeur leur donna force de loi.

(1) Ainsi exprimé en tête de l'ordonnance d'homologation.

Il est assez probable que la presse concourut bientôt après à donner de la publicité à ce complément de la loi coutumière. Quoi qu'il en soit, on le trouve, ainsi que le procès-verbal des États de 1607, dans la seconde édition des coutumes de Saint-Mihiel, édition plus complète par là que celle de 1599, et qui a d'ailleurs le mérite d'une exécution plus parfaite.

CovstVmes dv Bailliagε de Saιnct-Mιhιεl, auec les Ordonnances faictes sur le style & réglement de la Iusice... (1). Ensemble les Articles rehomologuées par son Altesse, à présent régnant, estant dans sa ville de Nancy, le vingt-troisiesme iour du mois de Iuillet Mil six cens & neuf.—*A Sainct-Mihiel, par François Dv Bois, Imprimeur de son Altesse.* M. DC. XV (2). Un vol. pet. in-4°.

Préliminaires, 2 feuillets, qui contiennent le titre ci-dessus, au verso duquel est l'extrait du privilége ducal, daté du 27 novembre 1614, et l'épitre dédicatoire de Jean Bourgeois au duc Charles III. Texte paginé de 1 à 218; les deux dernières pages occupées par la table des titres. Le procès-verbal de la tenue des États se trouve à la page 67. Anciennes coutumes, pag. 119; Ordonnance sur le style, pag. 137; procès-verbal de 1607, et articles ajoutés, pag. 191;

(1) Même intitulé qu'en l'édition de 1599.

(2) Une 3ᵉ édition in-4°, imprimée à St-Mihiel, 1627, est citée au tome 2 (n° 816) des *Lettres sur la profession d'avocat*, par MM. Camus et Dupin l'aîné.

puis le remercîment des Etats; enfin l'arrêt de la cour
souveraine et parlement de Saint-Mihiel, pour l'insi-
nuation, et l'enregistrement au registre des causes, de
l'ordonnance d'homologation, concernant les articles
additionnels de la coutume. Cet arrêt est remarquable
par la double dénomination de cour souveraine et de
parlement de Saint-Mihiel que cette cour s'y donne,
pour la première fois, peut-être. Des ordonnances ducales l'avaient récemment qualifiée de cour souveraine des
Grands jours ; mais, pour prendre le titre de parlement,
elle dut, je crois, remonter à plus de quatre-vingts
ans en arrière; et en chercher l'autorisation dans un
exemple unique qu'offrent les provisions de conseiller
président en la cour ez Haultz jours de Saint-Mihiel
données à Guillaume Rose, par le duc Antoine, à la date
du 19 janvier 1532 (vieux style,.

On a vu les gentilshommes du Barrois non mouvant réclamer aux Etats généraux de 1600, contre la rédaction
des coutumes de leur bailliage et en demander la révision. Le procès-verbal de la même session témoigne
aussi de leurs griefs contre la cour des Grands jours,
telle que Charles III l'avait réorganisée en 1571 ; et
ces griefs n'étaient pas nouveaux. Le mécontentement de la noblesse avait éclaté maintes fois depuis
bientôt trente ans que cette cour, entièrement composée
de juges à la nomination ducale, roturiers ou nobles de
fraîche date, était investie par sa nouvelle institution d'une
autorité judiciaire au moins égale à celles des assises de

Nancy, où les gentilshommes de l'ancienne chevalerie
lorraine siégeaient en juges souverains, par privilége
immémorial et inhérent à leur qualité. Déjà plusieurs tentatives avaient été faites pour obtenir que l'ordonnance du
8 octobre 1581 fût rapportée, ou tout au moins réformée en
ce qu'elle instituait la cour de Saint-Mihiel *juge en dernier ressort et sans aucun remède ;* quand les gentilshommes du bailliage en renouvelèrent la demande en
1600, par l'organe des États généraux. Et il faut croire
que c'était sans grande espérance de succès, car ils ne
reproduisaient plus alors que leurs conclusions subsi-
diaires. « Son Altesse », disaient-ils, « est très-humblement
» suppliée d'ordonner qu'il y aura révision au bailliage
» de Saint-Mihiel, ou autre provision sur les arrestz aux
» Grands jours que l'on se pourra plaindre. — Son
» Altesse ordonnera de quelque voie et pour lesquelles on
» se pourra pourvoir contre les arrestz de la cour des
» Grands jours de Saint-Mihiel. »

On lira sans doute avec intérêt quelques extraits d'un
mémoire présenté au duc Charles III, le 19 décembre
1579, à l'appui de la remontrance que lui avaient faite
au mois de mai précédent les gentilshommes du bailliage
de Saint - Mihiel, convoqués en assises générales dans
la ville d'Estain. Ils avaient, à la suite d'un assez long
exposé d'abus commis dans l'administration de la justice,
par la cour des Grands jours et par les officiers qui en dé-
pendaient, conclu à la suppression de cette juridiction,
insupportable fardeau dont il fallait, disaient-ils, que le

duc *déchargeât* ses sujets, en rétablissant l'ordre de choses qui existait auparavant. La réponse du duc n'était rien moins que satisfaisante. Elle annonçait formellement l'intention de maintenir la cour des Grands jours et de la *conserver en son intégrité.., pour les raisons et considérations qui l'avoient meu à l'establir.* Néanmoins les gentilshommes insistèrent; et cette fois ils ne se bornèrent pas à dire que la justice *n'était ni si bien, ni si dignement administrée que par le passé;* qu'elle coûtait cinq ou six fois plus cher aux plaideurs; qu'après les procès, les *juges se faisoient payer l'hypocras* (1) *avec grand sumptuosité de banquets.* Ils mirent en avant des raisons d'un ordre supérieur, contestant la légalité de cette juridiction instituée contrairement aux anciennes lois et aux libertés du pays. C'était aborder franchement la question, et prendre en quelque sorte le prince à partie.

« Ce n'est pas sans cause,» disent-ils, « que les anciens,
» sages et provides, ont si estroitement recommandé
» l'observation des loix déjà reçues et accoustumées,
» détestant tellement les loix et façons nouvelles pour
» les dangers qui y peuvent survenir, qu'aucuns d'entre
» eulx, comme Zaleuc, grand législateur, ont introduict
» autrefois une ordonnance, que quiconque mettroit en
» avant une nouvelle loy contre les statutz anciens du
» pays, seroit estranglé s'il ne la faisoit par vives raisons

(1) Breuvage qui se faisait avec du vin, du sucre, de la canelle, du gingembre, du girofle, et différents autres ingrédients.

» approuver par le peuple. Apportant la crainte d'une
» telle et si honteuse peine, comme il leur sembloit
» double bien : l'ung de rabattre la témérité de ceulx
» qui se plaisent à mettre de jour à autre en avant
» choses nouvelles ; l'autre, qu'estant une fois telle
» nouvelle loy receue par le commun consentement du
» peuple, c'estoit prévenir les inconvéniens que les
» changemens ont accoustumé d'occasionner. »

Il était difficile de rappeler plus nettement que la cour
des Grands jours était une innovation introduite par le
gouvernement ducal, sans que les États eussent été
consultés.

« Or, comme tous les estats ne sont pas establiz en
» mesme forme, aussy est de certain que chacune forme
» d'estat, voire quasy chacun estat, a ses façons et loix
» propres...

» Que s'il plaist à votre Altesse faire recherche des
» loix anciennes de vos pays, ce sera chose assez tost
» faicte, s'il vous plaist vous souvenir de ce qu'en pouvez
» sçavoir, ou bien entendre sur ce le rapport de vos Es-
» tatz, ou avoir recours aux loix, ordonnances et usages
» des pays voisins, mesme *de l'Allemagne dont il*
» *semble que les coustumes de vos pays ayent pris leur*
» *première origine :* tant parce que vous estes prince du
» sainct empire que parce que plusieurs de vos pays
» sont mesme tenuz dudict empire.

» Or, il est certain que la forme de l'establissement
» de la Chambre impériale en Allemagne despend non

» de l'Empereur seulement, mais des Estats du pays;
» et que l'Empereur ayant, pour sa dignité, nommé et
» estably le président de la chambre, de la persone d'ung
» prince qui soit comte et baron, et deux conseilliers,
» qui soient aussy comtes ou barons, les autres seize
» conseilliers sont establiz par les Estatz, dont la moitié
» est de gens graduez et lettrez, et l'autre moitié de
» l'estat de la chevalerie ou noblesse : ainsy qu'il ap-
» pert par les ordonnances et statutz de la chambre
» impériale tenue à Worms par ce grand Empereur
» Charles le Quint, en l'année 1522, et par plusieurs
» autres ordonnances précédentes de ladicte, mention-
» nées en celle cy-dessus cottée, »

Après avoir également cité l'exemple de la France
dont les chroniques « tesmoignent l'institution du parle-
» ment de Paris par Philippe-le-Bel, à la requeste et
» par l'advis des estats du royaulme..., avec des princes
» pour présidents, comme en la chambre impérialle,
» comme aussy des gentilshommes qu'ils appelloient
» laiz, et appellant lors clercz, les gens de robe longue,
» mariez ou non »... les gentilshommes du bailliage de
Saint-Mihiel appellent les regards du prince sur les états
voisins de la Lorraine, où il est encore d'usage « que les
» premiers et plus éminents lieux de la justice soient
» déférez à la noblesse. Ce qui apporte double commodité
» au pays où telle chose s'observe, l'une que la noblesse
» qui est la principale force du pays s'accoustume par
» ce moyen à l'équité et au droict, n'y ayant chose plus

» propre et convenable au soulagement et repos du
» peuple, mesme en voz pays esquelz vostre noblesse a
» tousiours esté honorée; et ne voudroit vostre Altesse
» commancier à la desdaigner... l'autre que la justice
» est d'autant plus respectée qu'elle est administrée par
» gens dignes et signalez, estant certain que l'une des
» principalles choses requises en la distribution de jus-
» tice pour l'effect d'icelle, sans lequel elle demeure
» comme n'estant point, est qu'elle soit autorisée par
» l'apparence et la qualité aussy bien que par la capa -
» cité de ceux qui l'exercent.

» Les histoires sont pleines de ce que ces nobles et
» anciens Romains si grands justiciers et si magnanimes
» capitaines, voire mesme ceulx qui ont basti les pre-
» miers fondemens de leur grande monarchie, estoient
» aujourd'huy en la ville, exerçant la justice, et le
» lendemain au camp, le corcelet au dos pour la deffence
» du pays.

» Or, ils estoient grands législateurs, il est vray, mais
» ce n'estoit des loix qui depuis ont esté faictes. Toutes
» leurs loix estoient contenues dans ung petit livret des
» Douze Tables, et en leur jugement naturel, duquel la
» noblesse de vos pays n'est destituée...

» La qualité la plus propre d'ung juge, ce n'est pas
» d'estre usité en des subtilitez ou formalitez qui le
» destournent plustost qu'elles ne l'acheminent au sen-
» tier de justice. C'est la preud'hommie, c'est la bonne
» vie, c'est ceste raison qui nous illumine et qui nous

» faict discerner le vray du faulx, laquelle ne s'acquiert;
» mais, ou nous est donnée de nature, ou inspirée plus
» particulièrement de Dieu...... »

La portée de ces maximes et de ces exemples est
facile à saisir, et s'il faut s'étonner de quelque chose,
c'est assurément de la modération des conclusions où
ils viennent aboutir. Ce qu'on demande au prince
de mettre à la place de la cour des Grands jours, formée
suivant l'ordonnance du 8 octobre 1581, d'un président
et de quatre conseillers, tous d'institution ducale, ce n'est
point une juridiction souveraine, appartenant de droit
et par privilége exclusif aux gentilshommes du Barrois
non mouvant, comme la juridiction des assises à la
chevalerie du duché de Lorraine. C'est une cour d'appel
mixte, composée de sept membres, savoir : un premier
président, deux présidents et deux conseillers à la nomination du duc, et deux conseillers élus par les Etats.
Et quoiqu'à leurs yeux la noblesse possède héréditaire-
ment et au plus haut degré, cette raison *donnée de
nature, ou inspirée de Dieu, qui fait discerner le vrai
du faux ;* les signataires du mémoire en question pro-
posent de prendre deux des quatre conseillers parmi
les gradués en droit.

On voit que les gentilshommes du bailliage de Saint-
Mihiel consentaient à laisser une large part à l'autorité
ducale dans l'administration de la justice souveraine.
Mais il était trop tard pour que ces propositions fussent
goûtées ; il y avait déjà longtemps que le Duc s'était

fait la part du lion, et il voulait la garder tout entière.
Un exemple puisé dans la composition de la chambre
impériale de Worms n'était guère propre à faire impression sur le petit-fils et successeur presque immé-
diat d'un prince, qui probablement ne s'était séparé de
l'empire germanique qu'afin d'acquérir plus d'indépendance au dedans comme au dehors. En rompant le lien
politique par lequel ses états tenaient encore à l'Allemagne, le duc Antoine y avait affaibli l'autorité des
coutumes et des usages constitutionnels qui leur étaient
communs avec cette terre natale de la liberté aristocratique; et une conséquence nécessaire de cet affaiblis-
sement devait être de donner au souverain une plus
grande latitude dans l'exercice du pouvoir. Les trente ans
écoulés depuis le traité de Nuremberg étaient venus en
aide à Charles III, héritier du sceptre et des vues politiques de son aïeul; et, déjà assez fort en 1571, pour oser,
de sa pleine puissance, grace et auctorité, reconstituer
la cour des Grands jours sur de nouvelles bases, et pour
en exclure définitivement les grands vassaux qui y rendaient autrefois la justice avec les ducs ses devanciers, ce
prince habile n'avait garde de compromettre, huit ans
après, son autorité par un pas rétrograde.

Le surplus du mémoire, dont je viens d'extraire
quelques passages des plus saillants, a pour objet de
proposer au Duc des articles réglementaires pour l'administration de la justice. Plusieurs de ces propositions
paraissent avoir été accueillies favorablement, avec

promesse d'y avoir égard ; mais, à cela près, le mémoire
des gentilshommes du Barrois non mouvant n'eut pas
plus de succès que la remontrance qu'ils avaient faite
aux assises d'Etain. Il en fut de même de la demande
insérée au cahier des Etats généraux de 1600; et quand
la cour de Saint-Mihiel reçut de Charles IV, en 1641,
une nouvelle organisation, ce fut pour qu'elle étendit sa
juridiction en dernier ressort sur tous les états de
souveraineté ducale.

Coutumes générales du duché de Lorraine.

On n'a pu, jusqu'à ce jour, recueillir aucune notion
bien précise sur l'époque où commencèrent les travaux
préparatoires du texte légal des coutumes, observées dans
les trois grands bailliages de Nancy, Vosges et Allemagne
qui formaient le duché de Lorraine proprement dit.
Nous savons que, dès les premières années du règne du
duc Antoine, les nombreux abus résultant de l'incertitude de ces usages avaient fait reconnaître la nécessité
d'une rédaction officielle. Mais cette réforme législative
a dû, comme tant d'autres, être réclamée longtemps et
de toutes parts avant qu'on songeât sérieusement à l'accomplir; et c'est seulement vers le milieu du règne de
Charles III (1) que nous voyons les Etats s'en occuper.

(1) Charles III n'ayant que trois ans quand son père mourut,
l'administration de ses états fut confiée à une régence qui la conserva jusqu'en 1559.

Le premier document où il soit question de la
rédaction des coutumes du duché est un *Résultat,* ou procès-verbal sommaire, des assises tenues à Nancy le 27
février 1584. Il fait partie d'un des recueils de pièces
historiques formés par Mory d'Elvange (1).

Il n'est personne, tant soit peu versé dans notre histoire,
a qui il faille apprendre que la chevalerie lorraine était
distincte par ce titre et par ses priviléges du reste de la
noblesse. On sait que composée exclusivement, au moins
pendant longues années, de familles indigènes dont la
puissance et l'illustration remontaient au berceau de l'autorité ducale, et peut-être aux *Leudes* de l'ancienne
Austrasie, cette haute aristocratie était, par droit de
naissance, investie de la juridiction souveraine dans
les trois bailliages de Nancy, Vosges et Allemagne, et
que le tribunal, où les membres de la chevalerie étaient
tour à tour appelés à siéger, se nommait les assises. Mais
ce qui n'est pas aussi généralement connu, c'est que
les assises, dont l'existence était inhérente à l'état con-
stitutionnel du pays, joignaient à l'exercice de l'autorité judiciaire une certaine participation au pouvoir
législatif. Les députés de la chevalerie chargés de les
tenir, l'étaient aussi de veiller et de pourvoir à l'exécution
des résolutions prises dans l'assemblée des Etats. C'était

(1) Manuscrit de la bibliothèque publique de Nancy. Ce document se trouve aussi en la possession de M. Noël, dans un recueil
de pièces sur les Etats généraux, formé par Mory d'Elvange.

en quelque sorte une commission permanente qui, dans chacun des trois bailliages, mais particulièrement dans celui de Nancy, suppléait au vote des Etats durant l'intervalle d'une session à l'autre, et quand les circonstances étaient trop urgentes pour qu'ils pussent être convoqués. Ainsi les subsides que des besoins évidents n'auraient pas permis de refuser, ni d'ajourner, étaient accordés par les assises, au nom des Etats, qui du reste les désavouèrent plus d'une fois, comme ayant excédé leurs pouvoirs (1).

(1) Notamment en 1594 où les Etats *mirent bas* l'aide de 6 deniers par franc et dixième pot de vin, que les assises avaient consentie pour quatre mois, et en 1626 où ils s'expliquèrent dans les termes ci-après sur une contribution que les assises du bailliage d'Allemagne avaient votée deux ans auparavant pour la réparation du château de Vaudrevange. « On n'a pas encore » entendu dire que lesdits seigneurs des assises ayent pouvoir » d'accorder aucune contribution.... Aussi cela seroit d'une trop » grande conséquence. Si un Estat ne peut astreindre personne à » donner contre sa volonté et consentement, tant moins peuvent » faire Messieurs desdites assises.., n'y ayant point d'apparence que » sept ou huit qui seroient à une assize puissent disposer de tout » le reste du corps. Ils se debvroient ressouvenir que S. A., qui » est le prince souverain, lorsqu'il désire avoir quelque contribu- » tion, il ne le fait qu'au préalable il n'ayt fait l'honneur à sa noblesse » de les appeler et convocquer. Or, comme la pluspart de la no- » blesse n'y a esté appelée comme il se debvoit faire, est cause » qu'ils n'ont voulu donner leur consentement, ni ne consentiront

Les Etats étaient ordinairement (1) convoqués par lettres patentes du duc, adressées aux baillis chargés de les

» jamais à aucune contribution qui puisse tant soit peu préjudicier
» à leurs privilèges, ne voulant en façon que ce soit assujectir leurs
» subjetes aux jectz que lesdicts seigneurs des assizes voudroient
» à tout propos, et comme bon leur sembleroit, jecter sur eux. »

Cependant, en 1587, lorsqu'il fallut repousser l'armée du duc de Bouillon, qui avait envahi les frontières de la Lorraine, Charles III n'ayant pas le temps de convoquer les Etats généraux, réunit une partie de sa noblesse, et se fit autoriser à lever, *en manière d'emprunt, deux écus sols* sur chaque feu. Les assises de Nancy, qu'il convoqua quelque temps après, lui accordèrent encore un million de francs pour subvenir aux frais de la guerre; et ses officiers levèrent, sans autorisation quelconque, sur les anoblis et sujets de ses états, le dixième des grains de leurs gagnages. Ces levées avaient été faites *contre l'ordre et l'ancienne observance ;* mais les Etats convoqués en mai 1588 se contentèrent de la reconnaissance qui leur en fut donnée le 27 du même mois, dans des lettres de non préjudice. « Ce nous suppliant, » dit le duc dans ces lettres, « *ne les* » *plus presser de tels octroys ny levée du dixiesme des grains, ni de* » *lever aucune ayde pour quelque cause que ce soit, sans la convo-* *cation des Etats généraux.* —Lettres de non préjudice des 27 mars 1588, 15 mars, 13 juin suivant, 22 juillet 1592, 20 février 1594, et 1er septembre 1599, deux à cette dernière date. En *vidimus* dans mon cabinet.

(1) Je dis ordinairement, car il est des exemples de lettres de convocation adressées directement par le prince ou en son nom, à des membres des deux premiers ordres et à des villes. Mory d'Elvange cite, dans sa brochure sur les Etats généraux, une lettre

notifier à qui il appartenait, dans le ressort de chaque bailliage. C'était le plus souvent au commencement de mars, quelquefois au mois de décembre, comme en 1614, où il n'y eût, à ce qu'il paraît, pour cette année et la suivante, qu'une session prolongée dans le mois de janvier 1615. Ils s'assemblaient à Nancy au palais ducal (1),

à la date de 1614 , portant pour suscription : *A nos chiers et bien aimez les prévôts et habitans de la ville de Blainville.*

Voici celle qui fut adressée par le duc Henry aux mayeur et habitants de Vaudrevange, à l'occasion du mariage de sa fille Nicole avec le prince Charles de Vaudémont, depuis Charles IV.

De par le duc de Lorraine, marchis, duc de Calabre, Bar, Gueldres, &c., chers et bien amez, la conclusion du mariage de nostre très-amée fille la princesse , avec nostre aussi très-amé nepveu , et à présent beau-fils, le prince son mari, aura esté, ainsy que nous croyons, infailliblement très agréable à tout nostre peuple, puisque c'est un affermissement de tous nos Estats, en la personne plus proche que nous avions, capable d'espouser nostre dicte fille; mais comme de là résultent quelques propositions que désirons faire aux gens de nosdicts Estats, nous avons jugé à propos de les convoquer au vingt cinquiesme du mois de juin prochain , en ce lieu de Nancy, où nous vous mandons de vous rendre et quelques députez de vostre corps, munis de pouvoir suffisant, le jour précédent qui sera celui de la sainct Jean, affin que le lendemain nous fassions ouverture desdictes propositions , et sur iceluy entendions aussy vostre bon advis : pendant quoy nous prions Dieu chers et bien amez, vous avoir en ses sainctes graces. De Nancy, ce vingt quatriesme jour de may 1621. S. Henry. cs. Humbert

(1) Dans cette vaste galerie consacrée aux grandes solennités,

/

et leur réunion se nommait l'Etat général ou les Etats généraux. C'est là qu'étaient présentés au souverain, par leur intermédiaire , les *griefs* des trois ordres, (1) les *remontrances* du clergé et de la noblesse, les *requêtes et humbles supplications* du tiers état, (2) non-seulement

que depuis on appela la Salle des cerfs, parce que ses murs étaient décorés intérieurement des bois des cerfs tués à la chasse par les membres de la famille ducale.

(1) Avant l'ouverture des Etats « on dressait » rapporte Fr. Gui-net, dans un mémoire sur l'état des duchés de Lorraine et de Bar, avant la guerre de 1633, « les articles que l'on intituloit *les griefs de* » *l'Estat,* par lesquels on demandoit au duc qu'il lui plût de corri-» ger ceci ou cela , qui étoit exprimé de chacun; chacun y mettoit » du sien. Les articles étoient portés au duc , qui étoit dans sa » chambre avec son gentilhomme , par les députés de l'Etat ; il y » répondoit comme il lui plaisoit et ses réponses étoient des » loix. »

Mory d'Elvange ajoute à ces détails, développés plus longue-ment dans ses Fragments historiques sur les Etats généraux en Lorraine. « Le duc répondoit en marge ou au bas des articles » mêmes. Le mot *accordé* donnoit définitivement force de loi à » l'article de ces griefs , à côté duquel il se lisoit. Les députés » dressoient procès-verbal des demandes faites et des réponses du » duc. — Pour les griefs que le prince refusoit ou modifioit, il » en donnoit la raison. Les Etats y répliquoient quelquefois par de » nouveaux griefs présentés aux mêmes Etats ou au suivant, avec » ce titre : *ce que n'a été accordé et dont faut avoir redresse.* » (pour redressement).

(2) Les remontrances des deux premiers ordres s'adressaient

pour le duché de Lorraine , mais encore pour tous les bailliages, excepté celui de Bar (1), et la partie du Bassi-

toujours directement *à son Altesse*. La plupart des requêtes du tiers ont pour intitulé: *à MM. des Etats*; et toutes les fois qu'elles sont reproduites par ses représentants dans les procès-verbaux des Etats, c'est avec les formes de style les plus révérencieuses et les plus humbles. Une requête, dont la minute corrigée par une autre main fait partie d'une liasse de pièces sur les Etats de Lor-raine, qui a été formée par Mory d'Elvange, et que m'a obligeam-ment communiquée M. Charlot, conseiller à la Cour royale , com-mence ainsi : *MM. des Estats. Fait très-humbles remontrances la plus pauvre et misérable partie de cette assemblée, qui s'appelle le tiers estat...* Le reste à l'avenant. On rencontre aussi des formu-les respectueuses dans les remontrances de la noblesse, mais elles sont d'ordinaire compensées, et même au delà, par une insistance que nos ducs devaient parfois trouver impérieuse.

(1) Les Etats du bailliage de Bar et du Bassigny mouvant se réunissaient à Bar pour voter les subsides demandés par le prince et présenter aussi leurs remontrances. Avaient-ils des assemblées annuelles ? L'opinion affirmative pourrait invoquer un procès-verbal de l'assemblée des Etats, convoquée par ordonnance ducale en 1620. On y trouve exposées , avec les réponses du prince à la suite, *les très-humbles plaintes et remontrances* adressées *à son Altesse, pour y être pourvu et ordonné à son bon plaisir*, sans qu'il y soit question d'aucun vote , d'aucune demande d'impôts. Mais comment concilier cette périodicité annuelle avec la teneur des lettres patentes du duc Charles III au seigneur de Laymond , conseiller d'Etat et bailli de Bar, à l'effet de convoquer au château de Bar , le 29 avril 1607, les trois Etats du bailliage de Bar et du

G

gny qui était de la mouvance, et pour les villes et territoires qui comme la ville de Marsal et le comté de Blâ-

Bassigny, en ce qui est de la mouvance. « Vous mandons » est-
il dit, « et ordonnons que incontinent les présentes reçues » (elles
sont datées du 14 même mois,) « vous mandiez et convocquiez eu
» vertu d'icelles, *de la même manière que vous fistes au mois d'avril*
» *de l'an* 1603, tous les ecclésiastiques, gens de noblesse et tiers
» estat de vostre bailliage de Bar...pour entendre ce que par nous
» et de nostre part sera proposé..., ouïr aussy toutes les remons-
» trances qu'ils penseront devoir nous estre représentées pour leur
» repos et tranquillité ; et pour délibérer sur ce qu'ils verront estre
» requis et nécessaire de faire, pour le bien de nostre service et
» soulagement des affaires publiques, affin d'estre par nous prouveu
» et ordonné, comme nous verrons estre requis. » Bien moins
encore avec les énonciations du discours que le conseiller d'état
Bardin, organe de Charles III qui était présent à l'ouverture des
Etats de 1603 avec le duc de Bar et le prince de Vaudémont, ses
fils, fit à l'assemblée pour lui demander « la continnuation des 10 et
» 12 gros imposés par conduit, dans les villes, bourgs et villages, et
» outre ce l'aide de 6 deniers pour franc et le dixième pot de vin et
» de bière, pour estre levez en la forme *qu'ils furent accordés à S.A.*
» *aux derniers Etats auxquels ils estoient présens à Nancy, en*
» *l'an* 1596.... »(Manuscrits de la bibliothèque publique de Nancy).
C'est sans doute de ces assemblées que se plaignaient les Etats
généraux de 1616, en rappelant, dit Mory d'Elvange, qu'au mépris
des ordonnances faites pendant le règne du grand duc Charles III,
les terres du Barrois, dites de la mouvance, s'étaient séparées par
une assemblée particulière. On vient de voir que cette séparation,
dont il serait intéressant pour l'histoire constitutionnelle du Barrois

mont avaient été réunis par acquisitions (1) : D'où la dénomination d'États généraux, qui distingue cette assem-

mouvant de pouvoir préciser l'époque et faire connaître les causes,
avait eu lieu du vivant même de Charles III, et dans l'intervalle de
1596 à 1603.

Le procès-verbal des États de 1603 doit être compté au premier
rang parmi les monuments de l'histoire constitutionnelle du Barrois mouvant. C'est dans cette assemblée que Maître Piat, avocat au
bailliage de Bar, député de la ville basse et du faubourg de Bar,
ainsi que des communautés de Revigny et de Longeville, et Maître
Vuillaume, procureur à Gondrecourt, député de cette ville et des
villages de la prévôté, soutinrent avec plus de fermeté que de
succès, au nom de leurs commettants, le débat de l'impôt contre les
députés de la noblesse et du clergé, toujours disposés à voter des
contributions qui ne devaient pas peser sur eux, et fortifiés en cette
occasion par la défection des députés de la ville haute de Bar et de
la majeure partie du tiers état.

(1) C'est ainsi que les bourgeois et communauté de Marsal demandent en 1622, par l'intermédiaire des États généraux, d'être
déchargés de l'impôt des fenêtres pour les chambres de leurs maisons qui sont occupées par des soldats de la garnison; attendu que
les propriétaires, loin de tirer de ces chambres aucune utilité, sont
encore obligés de les garnir de meubles. D'autres villes et bourgs
réclament la même exemption. — Le duc répond qu'il aura égard
aux remontrances qui lui sont faites concernant les *deniers sur les
croisées.*

Cet impôt, qui comme on voit, n'a point été inventé par le génie
fiscal de notre temps, et ne date pas chez nous de l'an VII de la
république, explique assez bien la construction des maisons lor-

bléc de celles que nous venons de voir convoquées aux chefs-lieux des bailliages, pour la rédaction des coutumes. Toutes les affaires importantes, autres que celles de pure administration, étaient soumises à la décision des Etats généraux; et il était difficile qu'il en fût autrement, malgré la tendance plus ou moins prononcée de nos ducs à s'affranchir des entraves que la constitution traditionnelle du pays mettait à leur pouvoir. Car il fallait tôt ou tard obtenir de cette assemblée de la nation le vote de l'impôt, qu'elle n'accordait jamais au prince sans exiger en retour des *lettres de non préjudice* (1): et le vote de l'impôt est la

raines du xvɪᵉ et du xvɪɪᵉ siècle, où de vastes pièces sont éclairées par une seule croisée qu'on faisait démesurément grande : sans doute parce que, comme aujourd'hui, il n'en coûtait pas davantage pour prendre jour par une grande ouverture que par une petite.

(1) Dans ces lettres, dont un grand nombre est cité par Mory d'Elvange, le duc reconnaissait, comme dans celles du 21 mars 1629, dont le texte a été publié intégralement par Mory d'Elvange que les subsides octroyés par les Etats *provenaient de leur bonne volonté et don gratuit.*

Les lettres de non préjudice données par Charles III, relativement aux impôts levés de 1588 à 1599, sont toutes à peu près dans les mêmes termes, et on y lit cette déclaration qui est pour ainsi dire de protocole : « Nous, pour nous et noz successeurs, ducz » de Lorraine et de Bar, avons promis et promettons déclairer et » déclairons par ces présentes que lesdictz octroys et aydes,.... » *comme provenant de leur bonne volonté et don gratuit, ne leur* » *pourront tourner à conséquence préjudiciable à l'advenir ni à*

première de toutes les garanties de liberté pour un état qui veut rester libre. Aussi cette assemblée était-elle con-voquée, si ce n'est tous les ans, au moins quand allait expirer le temps ordinairement assez court pour lequel elle avait octroyé les subsides (1). La succession à la couronne ducale, lorsqu'à défaut d'héritier mâle en ligne directe elle était contestée, la tutelle du duc en âge de minorité, la régence du duché : telles étaient les grandes questions que les Etats généraux de Lorraine eurent plusieurs fois à résoudre. C'est dans leur sein et par leur organe qu'é-taient indiquées au gouvernement, et réclamées avec une persévérance à l'épreuve des refus , les mesures propres à prévenir les abus de pouvoir, à garantir avec efficacité

» leurs successeurs. N'avons aussy entendu ni entendons que ledict
» Estat général soit tenu auxdictz aydes , ni à aucuns pour l'ad-
» venir ; ni que puissions faire aucun ject ny cotisation, soit sur
» les fiedfs , franc-aleudz, terres privilégiées ni de roture , ni
» sur autres qui ont accoustumé de contribuer, si ce n'est par la
» convocation et consentement desdits Estats généraux; promet-
» tons en foy et parolle de prince....»
(1) Les années de convocation des Etats généraux, rappelées par Mory d'Elvange dans l'ouvrage déjà cité, ne sont pas consécutives, et il y a entre elles des intervalles plus ou moins longs. Des documents restés inconnus à cet écrivain aideraient sans doute à combler quelques lacunes de cette série; mais il en est qui ne sauraient être remplies, parce que les Etats n'étaient pas assemblés tous les ans, et ne pouvaient se réunir que quand ils étaient convoqués par le duc

l'observation des lois, le maintien des priviléges et des franchises, qui du reste n'étaient que les libertés du plus petit nombre, exercées presque toujours au préjudice et par l'asservissement du plus grand. Et en attendant qu'une rédaction élaborée dans les conseils du prince donnât la forme légale aux propositions qu'il avait agréées, elles étaient sanctionnées par lui sous le titre de *résultats d'Etat* ou *articles des Etats accordés par son Altesse*, déclarées exécutoires provisionnellement, et publiées dans les siéges de justice (1).

(1) « Tous lesquels articles ci-devant escrits et chacun d'iceux
» selon leur forme et teneur, nous voulons et entendons par pro-
» vision estre observés et entretenus jusqu'à ce que, sur la diffini-
» tion et résolution de tous les autres griefs à nous présentés par
» les Estats de nos pays, y soit par nous plus amplement et généra-
» lement pourveu et ordonné. Mandons....... à tous baillys, pré-
» vosts..... Faict à Nancy, le septiesme jour d'aoust 1578. Signé
» Charles. »

On lit au bas d'une copie collationnée de ce résultat d'Etats, que je prends pour exemple entre beaucoup d'autres : « Cejourd'huy,
» dernier jour du mois de septembre 1578, de l'ordonnance de
» noble homme, maistre François Champenois, licencié en droit,
» lieutenant général du bailliage de Nancy, les articles ci-devant
« escripts sur dix feuillets avec le présent, ont été signifiés et leuz
» judiciairement en l'auditoire du change de Nancy, » (c'est ainsi que se nommait la salle où se tenait alors le tribunal des maître échevin et échevins de cette ville) « de laquelle signification et
» lecture, etc.

La composition des Etats généraux de Lorraine ne saurait être déterminée d'une manière bien précise (1).

Quelques extraits pris çà et là dans ce résultat d'Etat, dans ceux de 1600, de 1607 et de 1614 formeront un appendice au présent mémoire et feront ressortir les formes avec lesquelles les affaires publiques se traitaient à cette époque aux Etats généraux de Lorraine. Je puiserai surtout dans le cahier de 1614, le plus complet de tous ceux qui sont parvenus jusqu'à nous, outre que chaque grief des Etats y est immédiatement suivi de la réponse du duc.

(1) Outre les Etats généraux, il se tenait aussi dans chacun des trois bailliages du duché, ou au moins dans ceux de Vosges et d'Allemagne , des assemblées où l'on convenait des griefs des trois ordres, ou des demandes que l'un d'eux avait à présenter au souverain. Peut-être que ces assemblées bailliagères avaient lieu lors de la tenue des assises, et que les vassaux et dignitaires ecclésiastiques qui n'avaient pas partout le droit d'y siéger, venaient après la *vuidange des procès* se réunir aux gentilshommes de la chevalerie, pour discuter en commun les intérêts du bailliage. Ce qui, en l'absence de tout autre document , peut autoriser cette opinion jusqu'à un certain point, c'est d'abord *une résolution des prélats, comtes et gentilshommes du bailliage d'Allemagne réunis à Valderfangen* (Vaudrevange), *le 10 août* 1592 ; puis un pouvoir donné le 13 février 1626 par l'abbesse de Vergaville , le comte Emmerich de Linange , Alexandre de Hausen et sept autres prélats et gentilshommes, *de comparoir pour eux aux Etats généraux de Lorraine* convoqués au 1er mars suivant, et *avec l'assistance de ceux de l'Estat de cestuy dict bailliage* qui se trouveront à Nancy, proposer , accorder , etc. Dans la première de ces pièces il est question d'obtenir la révocation du bailli d'Allemagne ; et à cet

La marche du temps, les progrès de la civilisation et les nécessités politiques durent la modifier assez fréquemment, surtout dans les deux siècles qui ont précédé la dernière assemblée des Etats, tenue en 1629. De là sans doute, les notions peu concordantes que nous offrent à ce sujet les rares procès-verbaux de leurs sessions, ces monuments de notre histoire constitutionnelle, dont Mory d'Elvange déplorait déjà l'insuffisance, aux approches de la révolution française qui a achevé de les disperser. Accusons aussi le laconisme de leur rédaction : car vainement interrogerait-on ces actes au bas desquels on ne lit, dans les originaux comme dans les copies, que les signatures du maréchal de Lorraine et du maréchal du Barrois,

effet, l'assemblée convient d'envoyer au duc de Lorraine une députation, à laquelle elle alloue, pour fournir à la poursuite et exécution de cette commission, 800 écus, dont les députés rendront compte *aux Etats en général.* Du reste, pas un mot du tiers état dans ces deux actes ; et la requête que les membres de cette députation présentèrent au duc le 1er mai suivant est au nom *de ses vassaux*, savoir : *les prélats et clergé, comtes, barons et gentilshommes du bailliage d'Allemagne.*

Reste à savoir si les assemblées dont ces actes sont émanés étaient autorisées par les usages constitutionnels du pays, ou si ce n'étaient pas plutôt des réunions privées, sans convocation préalable du souverain, sans autorité sur les affaires publiques, et dont les remontrances n'avaient quelque valeur que quand elles trouvaient un organe aux Etats généraux. Cette dernière opinion me semble la plus probable; j'aurai plus tard occasion de dire pourquoi.

sans aucune mention de ceux qui concoururent aux déli-
bérations dont le résultat y est consigné (1).

Cependant on peut tenir pour certain que l'ordre du
clergé ne comptait aux Etats généraux de Lorraine que
des prélats et hauts dignitaires, tels qu'abbés, prieurs,
doyens ou prévôts de chapitres. Les nobles de l'ancienne
chevalerie, les gentilshommes possesseurs de fiefs situés
dans le duché, les maréchaux de Lorraine et du Barrois
et quelques grands officiers de la couronne ducale y
composaient seuls, à ce qu'il paraît, l'état de la noblesse.
Etait-ce comme représentants nés de l'ordre trop nombreux pour être appelé tout entier? La constitution
éminemment aristocratique du duché de Lorraine ne
fermait-elle pas à la noblesse inférieure l'entrée des
Etats généraux? En tout cas, on peut croire que tous les

(1) J'ai sous les yeux en original *le résultat des Etats généraux
tenus à Nancy le cinquiesme jour de mars 1607, commencés ledit
jour et conclus le vingtiesme dudit mois.* Il est signé *Chastelet,
mareschal de Lorraine et des Porcelletz de Maillane, mareschal
du Barrois.* On y chercherait en vain les noms de ceux qui ont
assisté à cette assemblée, et la rédaction en est généralement
écourtée, au point qu'on serait tenté de croire que les six feuillets
sur lesquels est écrit ce résultat, ne contiennent qu'un extrait
certifié d'un procès-verbal plus étendu. Mais en présence d'autres
résultats d'Etats généraux que j'ai également vus en original, ou
dont il existe des copies certifiées dans les manuscrits de notre
bibliothèque publique et dans quelques cabinets lorrains, il est
forcé de conclure que tel était l'usage.

nobles n'y étaient pas admis indistinctement; et par nobles
je n'entends pas désigner les anoblis, bien moins encore
les titulaires de charges qui conféraient la distinction
nobiliaire. La place de ceux-ci, magistrats et fonction-
naires publics, était au premier rang du tiers état, les
procès-verbaux des Etats bailliagers de Saint-Mihiel,
de Bar et du Bassigny en font foi; et on ne les voyait pas
encore empressés de déserter ce rang honorable pour
se traîner à la queue de la noblesse.

Mais quelle était la représentation du tiers état? Dom
Calmet est d'avis que cette partie de la nation n'était
appelée aux Etats généraux que quand il s'agissait d'accorder quelques subsides, de voter de nouvelles contributions. Le jurisconsulte François Guinet, cité par cet
historien, semble réduire la représentation du tiers aux
officiers de justice. Suivant Mory d'Elvange elle était
plus nombreuse : « Dans le tiers, étaient compris
» les magistrats, les officiers de justice, quoique
» nobles ou gentilshommes. A leur suite étaient les rece-
» veurs, contrôleurs et autres officiers des finances, les
» officiers des salines, les présidents et auditeurs des
» comptes, les maîtres des requêtes, les conseillers du
» conseil du duc, les députés des villes. » Telle était, il
est vrai, comme je l'ai fait remarquer précédemment, et
en y ajoutant les mayeurs et députés des villages, la
composition du tiers état dans les assemblées nombreuses
où il fut question de la rédaction des coutumes de Bar,
du Bassigny et de Saint-Mihiel. Mais de leur présence à

ces Etats provinciaux (1) convoqués uniquement pour la réformation de leurs coutumes, avec interdiction formelle ou tacite de délibérer sur d'autres objets, peut-on raisonnablement induire que les officiers de justice et des finances prenaient place aux Etats généraux? Pourquoi n'en pas dire autant des curés de villages qu'on a vus figurer dans l'ordre du clergé, à Bar, à La Mothe et à Saint-Mihiel? Il est au moins permis de douter, malgré l'autorité de Mory d'Elvange ; cherchons donc ailleurs que dans ses écrits, les moyens de résoudre la question.

Un premier renseignement nous est fourni par un acte dont il sera question plus d'une fois dans cet écrit. Je veux parler du procès-verbal de l'Etat général convoqué le 1er mai 1594, à Nancy, pour la rédaction des coutumes du duché. C'est, de tous les procès-verbaux de ce genre que j'ai vus, le seul qui fasse mention des membres des Etats présents à l'assemblée. Ceux qui appartenaient au clergé et à la noblesse y sont tous dénommés. On lit ensuite, sans aucune dénomination ni indication quelconque du personnel : *et pour le tiers état, les députés des villes des duchés de Lorraine et de Bar.* Pas un mot des magistrats ni des officiers des finances.

(1) Tels étaient réellement les Etats de Bar en 1579, et aussi longtemps que ce bailliage n'a pas eu son assemblée particulière, distincte des Etats généraux de Lorraine, avec des attributions égales. Or, on vient de voir que la séparation des Etats de Bar et du Bassigny mouvant, n'eut lieu que vers la fin du XVIe siècle.

Un autre document, plus précis à certains égards, mais
non daté, est intitulé : *Lettres délivrées par le secrétaire Humbert pour envoyer aux vassaux du bailliage
d'Allemagne* (1). C'est une simple note de remise des
lettres dont il s'agit au messager du duc, pour les porter
aux receveur et lieutenant de Valderfangen, (Vaudrevange) chargés de les faire parvenir par les sergents
du bailli, auxquels il est enjoint d'en tirer des récépissés.
Elle offre la liste des destinataires de ces missives, qui
sont : 1° les gentilshommes vassaux, au nombre de 56 ;
2° les prélats et chapitres, au nombre de 16 , parmi lesquels on voit figurer l'abbesse et le chapitre de Vergaville ; 5° les villes. Il y a 16 villes, dont plusieurs
n'étaient qu'enclavées dans le bailliage sans y être
comprises, et avaient leur juridiction particulière. Pour
trois d'entre elles , Guémunde (2), Forbach et Sar-
bourg, la suscription porte *aux prévost , maire et habitans*; sur la lettre adressée à la ville de Saint-Hypo-
lite était écrit: *aux gens de justice et habitans,* et sur
toutes les autres *aux maire et habitans.* L'objet de ces

(1) Manuscrit de la bibliothèque publique de Nancy. J'ai vu depuis au trésor des chartes de Lorraine une liste semblable datée
de 1592. Ce n'est point l'original de la première, car les vassaux y
sont au nombre de 57. Plusieurs lettres originales de convocation
pour la tenue des Etats, contresignées Humbert , se trouvent aux
mêmes archives.

(2) Sarreguemines.

lettres n'est point énoncé ; mais d'après leur destination et les soins apportés tant à leur envoi qu'à la constatation de leur remise, il est à croire qu'il s'agit d'une convocation aux Etats généraux. L'écriture est des premières années du XVII° siècle.

Ainsi point de place aux Etats généraux pour les officiers des finances. Pas plus pour les officiers des salines ; et pourtant Dieuze, dont la saline fermée de murs et entourée de fossés comme une forteresse, était déjà d'une grande importance à l'époque présumable de ces missives , Dieuze est l'une des villes portées sur la liste du secrétaire Humbert. Quant aux magistrats, c'est en quelque sorte comme députés nés des villes où ils ont leur siége, qu'on les voit appelés à cette assemblée. Et encore s'en faut-il bien qu'ils le soient tous ! La plupart de ces villes étaient des chefs-lieux de prévôtés , (1) et il n'y en a que trois dont les prévôts soient convoqués avec le maire et les habitants.

Il serait intéressant de connaître la force numérique

(1) Il y avait prévôté à Morhange , à Dieuze , à Faulquemont, Blerain ou Beaurain, à Boulay, à Putelange, à Valderfangen (siége des assises d'Allemagne , mais où le bailli ne résidait pas) et à Sierck, ainsi qu'à Morsperg (aujourd'hui Marimont), Schauenbourg, Siersperg , Saralbe et Mertzig. Les maires et habitants de ces cinq dernières localités ne figurent pas sur la liste dont il est question , sans doute parce qu'elles n'étaient pas au rang des villes. Schauenbourg entre autres n'était qu'un château.

du tiers état aux Etats généraux de Lorraine; mais les
autorités et les documents que j'ai consultés sont muets
sur ce point, comme sur beaucoup d'autres. Comment y
suppléer, au moins par approximation et d'une manière
conjecturale? Par le chiffre numérique des villes, auquel
il faut ajouter les bourgs, qui tôt ou tard durent obtenir,
comme Blainville (1), l'admission de leurs députés à cette
assemblée ; et en supposant que chacune d'elles avait
droit d'y envoyer son maire avec deux députés. En
comptant comme villes et bourgs des autres bailliages
toutes les localités qui sont ainsi qualifiées par le président Alix, dans sa description du duché de Lorraine en
1594 (2), et celles à l'égard desquelles des indications
en ce sens ressortent des procès-verbaux des Etats de
Bar , de Saint-Mihiel et du Bassigny. Au nombre qui
peut résulter d'une supputation faite sur ces bases , il
faudrait ajouter les magistrats, qui probablement étaient
appelés par la même lettre de convocation que les autres

(1) Voir aux notes, page 71.
(2) Guinet compte 66 villes ou chefs-lieux de prévôtés et offices.
Il se peut que vers 1630, époque à laquelle remonte son mémoire
sur l'état des duchés de Lorraine et de Bar, tous les chefs-lieux de
prévôtés aient été mis indistinctement au rang des villes , ce qui
expliquerait pourquoi il dit que le tiers état était représenté aux
Etats généraux par les officiers de justice. Mais la dernière session
des Etats généraux eut lieu en 1629, et c'est probablement la seule
où cette représentation ait eu lieu.

députés des villes où ils tenaient leurs siéges : ce sont les
membres de la cour des Grands jours de Saint-Mihiel ,
les échevins de Nancy et ceux de Mirecourt , les lieutenants généraux et procureurs généraux des bailliages et
un quart environ des prévôts (1). Les conseillers d'Etat
et maîtres des requêtes du conseil du duc viendraient
encore s'y joindre.

Au reste, ce calcul serait de pure curiosité ; car le tiers état
fût-il plus nombreux aux Etats généraux de Lorraine que
les deux autres ordres ensemble, cette force numérique ne
constituerait encore qu'un avantage apparent dans une assemblée qui votait par ordres et non par têtes. Quand, au
moment de délibérer, chaque ordre se retirait à part, *ex*
lieux destinés pour ses séances particulières, et qu'ensuite le clergé, la noblesse et le tiers état revenaient en
assemblée générale apporter le résultat de leurs délibéra-
tions , toutes les voix du tiers, unanimes , je le suppose,
pour la destruction des abus dont le profit revenait aux
deux autres ordres et le préjudice à lui seul , toutes
ces voix n'étaient qu'une réunion de zéros, auxquels le
nombre ne donnait aucune valeur (2).

(1) Il y en avait quarante en 1594, suivant le président Alix.

(2) Lorsque les Etats de Bar et du Bassigny mouvant eurent à
délibérer, en 1603, sur une demande d'impôts qui leur était faite
au nom du duc (Voir note de la page 73), Me Piat, député de la ville
basse de Bar, de Longeville et de Revigny, demanda au nom de ses
commettants qu'il ne fût passé outre à aucune résolution , qu'au

Après cette digression sur nos anciens Etats généraux,
à propos des coutumes du duché de Lorraine qui y ont
été définitivement arrêtées, je reviens aux travaux préparatoires du texte légal de ces coutumes.

J'ai dit que le premier document où il en soit question
est un résultat de l'assise tenue à Nancy le 27 février
1584 « en laquelle estoient bon nombre de Messieurs de
» la noblesse, pour respondre aux propositions faictes

préalable on leur eût accordé *voix propositive, délibérative et ré-
solutive*; les députés de la noblesse et du clergé remontrèrent que
cette demande ne pouvait leur être *octroyée ni déniée, qu'au préalable il n'eût adveu suffisant du tiers état en corps qui ne pouvoit
être démembré*; qu'au surplus « le clergé et la noblesse ayant pris
» résolution conforme à la volonté du prince, restait audit Mᵉ Piat,
» quoique non advoué de tout le corps du tiers état, de déclarer
» affirmativement et négativement quelle résolution il entendoit
» prendre pour ceux du tiers état, pour lesquels il comparaissoit...
» n'étant à présent question de régler les voix. »

On ne se borna pas à contester à Piat la qualité de représentant
du tiers état, parce qu'il devait être avoué de tout le corps de cet
état en toutes les requêtes qu'il ferait en son nom. Le pouvoir qu'il
avait reçu des habitants de la ville basse de Bar et l'aveu des mayeur et syndics, ne l'autorisait même pas, suivant ses adversaires,
à voter comme député de cette ville. Le mayeur et les syndics,
agissant *pour tout le corps de la dite ville*, disait-on, tant ecclésiastique et noblesse que tiers état, ne pouvaient séparer leur qualité pour
avouer un membre, au préjudice des deux autres *les plus signa-
lés du corps*.

» par le bailli de Nancy pour la réformation et abrévia-
» tion de la justice. » Sa teneur indique assez qu'on en
était encore au règlement des travaux préparatoires. Il
s'agit d'abord de la nomination de députés ou commissaires, pour la recherche et la rédaction, non-seulement
des coutumes du duché proprement dit, mais encore de
celles des bailliages de Vaudémont, d'Epinal et de Châtel-
sur-Moselle. Les commissaires nommés sont MM. de
Marbotte, d'Ancerville et de Maillane, pour les coutumes
des bailliages de Nancy, Allemagne et Vaudémont ; de
Lenoncourt, de Beaulieu et de Ligneville, pour celles
des bailliages de Vosge, de Châtel et d'Epinal.

« Les députés pour la rédaction, » est-il dit en ce
procès-verbal, « qui sont pour les bailliages de Nancy,
» Allemaigne et comté de Vauldémont, adviseront par
» ensemble le temps pour commencer la besongne à leur
» charge, qui ne pourra néantmoins plus tarder que de
» Quasimodo ; demeureront à Nancy du temps qu'ils
» besongneront; feront toutes diligences à recouvrer tout
» ce qui sera convenable à cognoistre et escrire, avec
» l'avis d'aultres de Messieurs de la noblesse et praticiens,
» sçavoir ce qui seroit nécessaire pour l'abréviation de
» la justice et repos de l'Estat ; puis après ayant le
» tout rédigé par escript, en feront fidel rapport à tous
» Messieurs des Estats, pour sur le tout estre ordonné
» ainsy qu'ils verront estre propre.

» Les députez des bailliages des Vosge, Espinal et
» Chastel en feront de mesme, et pendant qu'ils s'em—

7

» ployeront à leur charge, ils demeureront fixés à Mire-
» court.

» Les sieurs baillys de Nancy, de Vosge, d'Allemaigne,
» de Vauldémont, d'Espinal et Chastel-sur-Mozelle, or-
» donneront à tous praticiens et aultres que MM. les
» députez auront à faire et communiquer , ils viennent
» promptement des lieux dénommez, soit pour recepvoir
» leurs advis sur ladite rédaction des coustumes,que pour
» aultres choses nécessaires, touchant ce faict. »

Trois choses sont à remarquer ici. La première est
que les gentilshommes prennent la direction des travaux
préparatoires du texte officiel des coutumes de Lorraine.
C'en est assez pour expliquer parfaitement le caractère
éminemment aristocratique de la loi qu'ils devaient ap-
pliquer comme juges, après l'avoir dictée comme législateurs.

La seconde est une pensée de législation unique pour
les trois grands bailliages du duché, et pour ceux d'Epinal , de Châtel et de Vaudémont , que révèle cette
collaboration *par ensemble* des commissaires à Nancy
et à Mirecourt : pensée réalisée en partie par le duc
Léopold, cent quarante ans après, lorsqu'il soumit ces
deux derniers bailliages aux coutumes générales du
duché. Avait-elle été conçue par Charles III ? Nous le
saurions, si le résultat de l'assise de 1584 eût conservé
les propositions que ce prince avait fait faire par le bailli
de Nancy, *pour la réformation et abréviation de la
justice.* Quant à la chevalerie de Lorraine , on conçoit

tout l'intérêt qu'elle avait à cette unité législative, qui
devait avoir pour résultat d'étendre la juridiction de ses
assises. Et ce n'est pas la seule tentative qu'elle ait faite
dans ce but; il y en eut encore d'autres et de plus directes:
les procès-verbaux des Etats et les autres documents
de notre histoire constitutionnelle en ont conservé les
traces (1).

La troisième observation peut aider à résoudre la question de savoir s'il y avait, dans le duché de Lorraine, outre
les Etats généraux qui se réunissaient à Nancy de toutes

(1) Ainsi aux Etats de 1614 on demande au duc « que les terres
» anciennes du duché de Lorraine, comme Saint-Nicolas et autres
» semblables, soient dépendantes des jurisdictions de Lorraine et
» des assises ; comme aussi Marsal, Bitche, Hombourg et autres
» terres , pour lesquelles avoir on a donné ou quitté partie de la
» Lorraine, entrent en même nature que les autres estoient. »
Réponse. Son Altesse y avisera.

Une autre pièce, dont je dois la communication à M. Charlot,
possesseur d'une partie des papiers de Mory d'Elvange , contient
le dénombrement des trois bailliages , des terres d'acquisition et
autres, dont la chevalerie demandait l'incorporation au duché de
Lorraine. Elle est sans millésime, mais d'une écriture qui en re-
porte évidemment la date à la fin du XVIe siècle ou au commencement du XVIIe. Elle est intitulée : *Articles et choses pour servir de
remonstrances et objectz contre ceulx qui voudroient empescher
les bailliages d'Espinal, comté de Vauldémont , Chastel sur Mo-
zelle, Blammont et sénéschaussée de La Mothe, estre incorporés au
duché et à la coustume générale de Lorraine....*

les parties de la souveraineté de nos ducs, excepté du Barrois et du Bassigny mouvant, des assemblées périodiques d'Etats au chef-lieu de chaque bailliage (1). Et cette question paraît devoir être résolue négativement; car c'est à Mirecourt et à Nancy, et non dans les autres siéges de bailliages, que les commissaires doivent tenir leurs séances; et c'est aux Etats généraux, *A tous Messieurs des Estats*, qu'ils auront à rendre compte de leur mission; *pour sur le tout estre ordonné ainsy qu'ils* (les Etats) *verront propre.* On ne voit pas d'intermédiaire entre eux et les Etats généraux, pas d'assemblée qui participe à leurs travaux, qui soit appelée à donner un avis, comme eût été vraisemblablement appelée à le faire une assemblée d'Etats bailliagers. Les Etats des bailliages de Clermont, de Bar, du Bassigny, de Saint-Mihiel, et, comme on le verra ultérieurement, ceux du petit bailliage d'Epinal, sont appelés à rédiger leurs coutumes particulières; et on ne voit pas que dans les bailliages de Vosge et d'Allemagne aucune assemblée d'Etats ait été seulement consultée sur la loi qui devait être commune à tout le duché de Lorraine.

Les commissaires se mirent à l'œuvre, et il paraît qu'ils reconnurent tôt ou tard la nécessité de se réunir tous à Nancy; car une requête, non datée, mais évidemment postérieure de quelque temps à leur nomination et que cite Mory d'Elvange comme faisant partie de ses recueils ma-

(1) Voir note (1) de la page 79.

nuscrits (1), a pour objet de demander que, pour plus de
certitude des usages et avant qu'il soit rien proposé à ce
sujet, les greffiers des bailliages de Lorraine soient tenus
d'apporter dans cette ville leurs registres anciens, et de
les remettre entre les mains des commissaires nommés
par les États.

De ce qui fut fait ultérieurement par ces commissaires ou par d'autres, pour tirer du chaos un texte légal des
coutumes du duché, nous ne savons rien que par le résultat. Et il se fit attendre dix ans pendant lesquels la
rédaction de ce code, politique (2) presque autant que
civil, dut souvent susciter de graves débats au sein des
États généraux plusieurs fois assemblés, surtout entre les
gens du prince et la chevalerie jalouse de ses priviléges
auxquels l'autorité ducale avait déjà, au moins indirectement, porté plus d'une atteinte. Le tiers état
dut réclamer maintes fois contre les commises et confiscations prononcées par divers articles, soit pour fait
de pâturage, soit faute de paiement des cens, rentes
foncières et fermages dus au seigneur temporel ou à

(1) Mory d'Elvange semble croire que cette pièce est antérieure
à la précédente. C'est une opinion que je crois inadmissible, car,
entre ces deux documents, l'antériorité appartient de toute évi-
dence à celui qui contient la nomination des commissaires entre
les mains desquels on demande, dans l'autre, la remise des registres des bailliages.

(2) Notamment aux titres 1, 5, 6, 7, 8 et 18.

l'Eglise. Les débats qui s'élevèrent à cette occasion, et
dans lesquels il était seul contre deux, ont laissé quelques
traces, entre autres une requête sans date où les députés du tiers représentent au prince que la rédaction en
termes généraux des dispositions rigoureuses *éparses en
grand nombre par tout le cayer au seul compte du
pauvre peuple,* ne laisse subsister aucune de ces distinc-
tions de personnes , de biens , d'origine et de lieux que
consacre un des premiers articles des coutumes , et qui
allègent pour une partie des roturiers non francs le poids
de leurs charges, prestations et servitudes ; et que l'iné-
vitable effet de tant de confiscations au profit des seigneurs
doit être de faire tomber entre leurs mains, avant qu'un
siècle s'écoule, la totalité des biens du peuple. En rappro-
chant cette requête du texte imprimé des coutumes, il est
facile de voir, par la citation des articles et des titres sous
des numéros différents de ceux qu'ils portent, qu'alors ce
texte n'était point encore définitivement arrêté ; et l'on
reconnaît en même temps qu'à de légères exceptions près,
les réclamations du tiers état sont restées sans effet.

C'est en 1594 que fut présenté aux Etats généraux,
dans son ensemble, et approuvé par eux le texte légal des
coutumes des trois grands bailliages seulement; non pas
toutefois tel que l'impression l'a mis au jour (1), car on

---

(1) Plusieurs cahiers manuscrits qu'avait recueillis Mory d'Elvange, et dont l'un se trouve à la bibliothèque publique de Nancy
et deux autres en la possession de M. Charlot, offrent ce texte au-

verra tout à l'heure, par l'extrait que je produirai d'une ordonnance ducale, que ce texte fut encore soumis à la révision de commissaires nommés par le duc et par les Etats (2). Il n'avait pas paru possible de ranger sous la même loi les bailliages d'Epinal, de Châtel-sur-Moselle et de Vaudémont. Vraisemblablement les Etats de ces petites provinces avaient été consultés à ce sujet et leur réponse avait été négative. Et qui sait si le gouver-

noté en quelques endroits, avec des variantes qui en sont plus ou moins rapprochées, suivant les progrès de la rédaction et les modifications qu'elles a subies.

(1) Dom Calmet attribue à Charles d'Urre de Thessières, seigneur de Commercy en partie et conseiller d'Etat du duc Charles III, la rédaction, non-seulement de la coutume générale du duché, mais encore des coutumes de Saint-Mihiel, de Bar et du Bassigny. Cela veut seulement dire, pour les unes et les autres, qu'il fut du nombre des membres du conseil ducal qui firent partie des commissions chargées d'y mettre la dernière main, avant leur homologation ; car on ne le voit figurer nulle part au nombre des commissaires des Etats pour la rédaction des coutumes. Je crois avoir aussi lu quelque part que le procureur général Nicolas Remy était un des rédacteurs du texte de la coutume de Lorraine. Est-ce encore comme membre du conseil, ou faisait-il partie d'une commission nommée par les Etats ? Si les noms des députés des villes aux Etats de 1594 nous avaient été conservés, on y trouverait probablement celui de ce magistrat, qui avait, et conserva longtemps en Lorraine, une haute réputation de savoir et de capacité : en tout cas sa collaboration est au moins probable.

nement ducal ne les aida pas à faire prévaloir cette volonté de vivre sous une loi différente ? Soumis à la coutume générale de Lorraine, ces bailliages auraient dû
l'être en même temps à la juridiction des assises consacrées par cette coutume : c'eût été donner une grande
extension à la puissance de l'ancienne chevalerie que nos
ducs avaient intérêt à renverser, comme le seul obstacle
réel à l'exercice de leur souveraineté. Et il est à remarquer
que quand le gouvernement ducal rangea les bailliages
de Châtel et de Vaudémont sous la loi coutumière du duché de Lorraine, les assises n'existaient plus depuis près
d'un siècle (1).

Ce qui fut fait ultérieurement ressort des détails assez
étendus dans lesquels je vais entrer, sur les premières
éditions des coutumes du duché de Lorraine.

Commençons par une observation qui porte à la fois
sur ces éditions et sur toutes celles qui les ont suivies.
C'est qu'on chercherait vainement à côté du texte, un
procès-verbal de la tenue des Etats généraux convoqués en 1594, circonstancié comme le sont ceux qui ont
été imprimés avec les coutumes du Barrois et du Bassigny. Un tel procès-verbal, supposé qu'il ait été dressé, et
j'en doute (2), n'a point été imprimé si ce n'est en extrait,

----

(1) V. *infrà*.

(2) Mory d'Elvange ne l'a pas rencontré dans ses recherches,
lui qui pourtant a su recueillir dans les archives publiques et dans les
collections privées tant de documents sur l'ancien état constitution-
nel de la Lorraine.

car quel autre nom donner aux quelques lignes qui vont
suivre?

« En l'Estat général convoqué à Nancy, au premier
» jour de mars Mil cinq cens quatre-vingt et quatorze, ont
» été leües et releües les coustumes ci-devant escrites et
» communiquées à S.A., et on en a faict extraict de celles
» qui ont semblé nouvelles, lesquelles on a prié très-
» humblement à S. A. de vouloir homologuer. Les autres
» ont esté tenues pour anciennes et par cy-devant pra-
» tiquées, et que doresnavant l'on doit suivre et observer.
» Présens à ce : pour l'estat ecclésiastique, les R. P. et
» seigneurs Antoine de Haraucourt, prieur de Flavigny,..
» et pour l'estat de noblesse, de haults, puissants et
» honorez seigneurs, Jean, comte de Salm,... et pour le
» tiers estat les députés des villes des duchés de Lor-
» raine et de Bar. »

Pas un mot de l'ordonnance de convocation des Etats,
du jour où ils ont été assemblés; aucun détail sur ce qui
s'est fait dans la séance antérieure à celle où le duc a été
prié d'homologuer les coutumes nouvelles. Rien enfin
de ce que constatent les procès-verbaux du Barrois et du
Bassigny.

Cependant tel qu'il est ce procès-verbal, je dirais presque ce sommaire de procès-verbal, il a encore sur les autres
résultats des Etats généraux l'avantage de nous faire connaître à peu près le personnel de l'assemblée dont il est
l'expression. Je dis à peu près, car on ne s'est pas donné
la peine de nommer les députés des villes, et leur présence

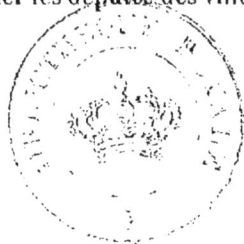

n'est constatée que par une indication collective. L'assemblée était peu nombreuse sans doute, parce que
toutes les questions litigieuses avaient été résolues dans
les assemblées précédentes, ou par des commissaires élus
dans leur sein: on était parvenu à s'accorder sur le fond,
il ne fallait plus convenir que des termes. Les membres
du clergé étaient au nombre de dix, tous grands dignitaires de leur ordre, et il y avait un plus grand
nombre de prélats, dans les trois bailliages seulement.
L'ordre de la noblesse n'est représenté que par soixante-
un gentilshommes, presque tous de l'ancienne chevalerie,
et cependant la liste de ces *Leudes* du duché de Lorraine
allait au delà de deux cent quatre-vingt-dix, non compris les possesseurs de fiefs (1).

Les coutumes générales de Lorraine ont été publiées
deux fois dans les dernières années du XVIe siècle,
en vertu d'un permis d'imprimer délivré le même
jour. L'une des deux éditions, les plus anciennes que
je connaisse, est datée de 1596, l'autre est sans date.
Je vais les décrire, puis viendra la question d'antériorité.

LES COVSTVMES GENERALES Du Duché de Lorraine,
és bailliages, de Nancy, Vosges, et Allemagne. *A Nancy.
Par J. Ianson, Imprimeur ordinaire et juré de son
Alteze..... In-4°.* Le titre ne porte pas de date.

Prélim. 4 ff. contenant 1° le titre ci-dessus au milieu

(1) Mory d'Elvange : Fragments sur les Etats généraux.

duquel est imprimé l'écu plein de la maison de Lorraine, protégé par le *bras armé* et entouré d'un double cercle ovale. Entre les deux cercles sont disposés séparément les écus de chacun des 8 quartiers du blason ducal, et dans leurs intervalles on lit : *Et adhuc spes durat avorum.* 1596. (1). 2° Une adresse des États de Lorraine au Duc, en remerciement de ce qu'il a fait *à leur humble requeste, mettre en escrit ce qu'auparavant, soubz l'assurance et certitude de leur preud'hommie, avoit esté remis et confié à leur seule mémoire, à fin que par prinse d'un mot pour l'autre, l'artifice des subtilz alambiqueurs du droit n'ait tant de force d'en corrompre et détorquer le sens, ni de tordre autrement le né à justice.* Cette adresse est datée du 11 juillet 1595. 3° L'extrait du permis d'imprimer avec privilége pour dix ans, à compter du jour où ils auront *par-achevé* l'impression : il est daté du 21 novembre 1594. Au-dessous, on lit : *Acheué d'Imprimer au mois de Iuillet.* 1596. Texte 54 ff. chiffrés dont les trois derniers sont occupés par le procès-verbal sommaire qui, comme je l'ai dit, ne fait que constater la lecture aux États généraux, des coutumes anciennes et la prière au duc d'homologuer les nouvelles; puis vient l'ordonnance ducale

_____

(1) C'était la devise de Charles III, et elle lui convenait parfaitement, à lui chef d'une maison princière qui ne dissimulait pas ses prétentions à la couronne de France, à lui qui portait écartelées sur son écu les armes de plusieurs royaumes, sur lesquels ses ancêtres ne lui avaient transmis que des espérances.

du 16 septembre 1594, interprétative des articles 6 du titre
II et 1 du titre IV de ces coutumes, et la table des matières.
Sign. A—0.

Ce n'est encore que la première partie du volume, la
seconde a pour titre :

RECVEIL DV STYLE à observer es instrvctions des proce-
dvres tant des assizes, qve es sieges supericurs & inferieurs
des Bailliages, de Nancy, Vosges, et Allemagne. Avec le
reglement povr le sallaire des ivges, procvrevrs, & autres
Ministres de Iustice. Plvs l'ordonnance de son Alteze sur
l'omologation, tant des Coustumes anciennes, & nouvelles,
que desdits Style & Reglement (1) Avec deffence, de
n'user d'autres exemplaires que de ceulx qu'elle a permis estre Imprimez, nouuellement reucüs & corrigez. *A
Nancy, Par I. Ianson, Imprimeur ordinaire et juré de
son Alteze.*

Ce titre, aux armes ducales, surmontées d'un alérion,
est précédé d'un feuillet blanc.

51 ff. chiffrés de 5 à 16 pour le stile des procédures
d'assizes, sign. B—D 2 et de 1 à 58, sign. a—k 2. pour
celui des procédures de justice, pour le règlement des
salaires, les coutumes nouvelles et l'ordonnance qui les

_____

(1) Cette ordonnance, intitulée mal à propos ordonnance sur
l'homologation des anciennes coutumes qui n'avaient pas besoin de
l'approbation ducale, et des nouvelles, déjà homologuées, ne concerne, à proprement parler, que la publication des unes et des
autres dans les siéges de justice.

homologue, à la date du 17 mars 1594. Suivent 2 feuillets non chiffrés, dont l'un est pour la table et l'autre ne porte que cette souscription dans un cartouche gravé en bois: *A Nancy, par I. Ianson, Imprimeur juré ordinaire de son Altezze...* 1596.

L'absence des chiffres 1 à 4 de la première de ces deux séries, et de la signature A, m'avait fait croire que le commencement de cette seconde partie manquait dans l'exemplaire que j'avais sous les yeux; mais comparaison faite de cet exemplaire avec un autre, je les ai trouvés entièrement conformes, et ne puis attribuer qu'au défaut de correction cette apparence de lacune. Du reste je me suis assuré que le titre, ainsi que le feuillet blanc dont il est précédé, appartiennent au même cahier, sign. O, que les feuillets 53 et 54 de la première partie. Ainsi, pas de doute sur l'impression simultanée, pour ne former qu'un même volume, des coutumes anciennes et des nouvelles qui constituaient le code civil des trois bailliages, du recueil du stile qui était leur code de procédure civile, et du règlement des salaires que nous appellerions aujourd'hui le tarif des frais et dépens. C'était d'ailleurs le même édit qui avait ordonné leur publication, leur enregistrement au greffe de chacun des trois bailliages et leur impression.

Cet édit est du 1er juin 1595. On y remarque ce passage. « Et pour ce que depuis la conclusion desdites coustumes, » styl et formalités en l'Estat du XIII mars 1594, elles » auroient esté reveües, corrigées et l'ordre changé en » aucuns endroits, par les à ce commis de nostre part et

» desdits Estats à ce assemblés à diverses fois, et que néant-
» moins *plusieurs exemplaires deslors de ladite conclu-*
» *sion en pourroient avoir esté délivrés avant ladite*
» *révision, correction et changement,* affin de couper
» chemin aux difficultés qu'en pourraient sourdre, nous
» avons déclairé et déclairons que les exemplaires que
» présentement nous avons ordonné en estre mis soubz
» la presse, et ceulx qui en pourront estre extraicts, sont
» ceulx (non aultres) que nous entendons être reçeüs, et
» leur texte et contenu suivi. » C'est après cet édit que
les Etats ont fait au Duc l'adresse de remerciement dont
j'ai reproduit quelques lignes, et qui est aussi motivée sur
ce qu'il a fait *mettre le tout soubz la presse, pour en*
donner à chacun une certitude et clarté plus grande.

Ainsi l'édition que je viens de décrire doit être consi-
dérée comme la première édition officielle des coutumes
générales, anciennes et nouvelles, du duché de Lorraine,
du style des procédures et du règlement des salaires. Les
termes de l'édit du 1er juin 1595 autorisent sans doute à
croire que dans l'intervalle écoulé entre la rédaction
adoptée par les Etats et la révision, on avait tout au moins
commencé l'impression des coutumes. Janson et l'autre
imprimeur de Nancy, dont il sera question ci-après, n'a-
vaient vraisemblablement pas attendu jusqu'en 1596,
pour exploiter la permission qui leur avait été donnée, en
novembre 1594, de mettre sous presse, de vendre et de
distribuer les cahiers des coutumes générales de Lorraine.
Ils y étaient invités par leur intérêt et par l'impatience

du public. Mais ces publications anticipées n'offrant plus
en 1595 qu'un texte abrogé , l'acte de l'autorité souveraine, qui les décréditait, a dû être suivi de la suppression
des exemplaires non distribués ; et le petit nombre de
ceux qui ont pu être mis en circulation, devenus inutiles
à leurs possesseurs , auront tôt ou tard subi le même
sort.

Maintenant, comment expliquer cet intervalle de plus
d'un an, entre l'édit de publication du texte définitivement
adopté et la date de l'édition que Janson a donnée de ce
texte? Je n'en sais rien, et je comprends très-bien qu'il
ne fallait pas un temps aussi long pour imprimer d'une
manière qui n'a rien de remarquable, un petit in-4° de cent
et quelques feuillets. Toujours est-il que Janson, dont le
privilége était pour dix ans, à compter du jour où il aurait *parachevé* l'impression des cahiers des coutumes, etc.
a pris soin de constater ce jour et de fixer la durée de son
privilége par ces mots placés immédiatement au dessous :
Achevé d'imprimer en juillet 1596. C'est là un de ces faits
péremptoires contre lesquels les plus fortes objections
viennent se briser.

Je viens de décider en faveur de l'édition de Jean
Janson, 1596, la question de priorité sur l'édition sans
date, et cependant je n'ai pas encore décrit celle-ci. On
me pardonnera, je crois, cette préoccupation, quand on
aura lu les détails ci-après :

LES COVSTVMES GÉNÉRALES DV DVCHÉ DE LORRAINE, es
Bailliages de Nancy , Vosges , et Allemagne, Interpré-

tation et esclarcissement d'avcvns articles d'icelles Formalités & par l'Ordonnance de son Altesse , Imprimée
& adioncte audit Cayer des Coutumes, *A Nancy, par
Blaise André, Imprimeur ordinaire de Son Altesse...*
Petit in-4° sans date.

Prélim. 4 ff. contenant 1° le titre ci-dessus où l'on retrouve, à la date près qui paraît avoir été effacée sur la
planche même , et toujours avec la devise , *Adhvc
spes dorat avorom ,* une gravure semblable à celle que
j'ai fait remarquer dans l'édition précédente; 2° l'adresse
des Etats au Duc Charles III; 3° la table des titres et
matières ; 4° l'extrait du permis d'imprimer , avec privilége donné à la même date et dans les mêmes termes
que celui de Jean Janson.

Texte chiffré de 1 à 89 inclusivement, puis de 60 à 82;
viennent ensuite 12 autres feuillets, les uns cotés , mais
ne concordant qu'imparfaitement avec la table ; les autres sans chiffres. On y trouve successivement 1° les coutumes anciennes ; 2° l'ordonnance interprétative du 16
septembre 1594; 3° lettres patentes de S. A. du dernier
mars 1599 pour l'interprétation des articles 1 du titre II et
17 du titre XV des coutumes anciennes ainsi que de l'article
1er du titre des plaintes au Recueil du Style, enfin de ce
qui dans les coutumes nouvelles concerne les prescrip-
tions contre l'Eglise; 4° le Recueil du Style, qui commence
au verso du feuillet 66 et au-dessous d'une espèce de titre
aux armes de Lorraine grossièrement gravées, particulier à cette partie du volume; 5° Règlement des Salaires

et vacations; 6° l'Edit ou Ordonnance du 1er juin 1595
pour la publication des coutumes ; 7° les coutumes nouvelles; 8° l'ordonnance qui les homologue.

Toutes ces matières, à l'exception de la table et de
l'ordonnance de 1599, se trouvent dans l'édition de J.
Janson, et cette dernière différence suffit pour que l'antériorité ne reste pas indécise entre cette édition et celle
de Blaise André (1).

Quoique imprimée en caractères assez beaux et avec
de jolies vignettes de typographie, l'édition de Blaise
André est un des livres les plus mal exécutés que j'aie
encore vus. Tout y indique un travail fait à la hâte par
un imprimeur négligent ou peu exercé. Outre les inter-
ruptions dans la série des chiffres déjà signalées et que
l'ordre des matières n'explique aucunement, il n'est
point de page qui ne présente plusieurs fois le disgracieux
mélange, dans un même mot, de l'italique et du romain (2). La correction du texte est à l'avenant, comme
on peut le supposer. Et cependant l'édition que Blaise

(1) La même année 1599 vit paraître à Francfort une traduction
en allemand, en deux volumes in-4°, des Coutumes générales du
duché de Lorraine, et du style des procédures. L'usage presque
exclusif de l'idiôme germanique dans le bailliage de Vaudrevange
la rendait indispensable.

(2) L'indigence des casses de l'imprimeur devait être aussi
pour beaucoup dans ce mélange, car ce sont communément les
mêmes lettres italiques qu'on y voit reparaître.

8

André a donnée en 1599 de la Coutume du bailliage de
Bar et la réimpression qu'il a faite, deux ans après, des
coutumes générales de Lorraine ne sont pas à beaucoup
près si mal exécutées. Entre elles et l'édition de Jean
Janson il y a à peu près égalité de mérite typographique,
c'est-à-dire que toutes trois sont médiocres. Aussi me
suis-je demandé, en les comparant avec le volume dont
il s'agit, si ce dernier ne proviendrait pas en partie de l'impression qui paraît avoir suivi immédiatement la rédaction primitive des coutumes générales. Je me disais que
peut-être Blaise André ne pouvant plus, après l'édit du
1er juin 1595, vendre des exemplaires de cette première
édition, y avait fait des remaniements pour en utiliser
au moins quelques feuillets. De là, l'édition que je viens de
décrire, et pour le complément de laquelle auraient été imprimées, s'il en était ainsi, l'ordonnance interprétative de
1599 et une table des matières où cette ordonnance est re-
latée. Mais ce n'était là qu'une conjecture à laquelle je n'ai
pas dû m'arrêter. Le volume en effet ne présente aucune
trace matérielle de la substitution d'un texte corrigé au
texte primitif; si des cartons y ont été introduits dans ce
but, c'est par cahiers entiers et non par feuillets. L'ordonnance de 1599 qui, dans cette hypothèse, n'aurait pas
été imprimée en même temps que les coutumes et le recueil du style, présente le même mélange d'italique et de
romain. Enfin, comme je l'ai déjà fait observer, la table,
dont l'impression serait également postérieure à tout le
reste, ne concorde qu'imparfaitement avec c les chiffres

des derniers feuillets. Ce n'est donc qu'à la négligence ou
à l'inhabileté de l'imprimeur qu'il faut imputer les fautes
de toute sorte qui font de cette édition un produit typographique du plus bas aloi.

J'ai dit que Blaise André avait, deux ans après, publié
de nouveau les coutumes générales du duché de Lor
raine.Cette seconde édition, de même format que la première, mais d'une exécution plus correcte, imprimée avec
le nom d'*Andrea* au lieu d'André, reproduit exactement
le même titre, sous la date de 1601.Le millésime de 1596
y est rétabli dans le médaillon oval aux armes de Lorraine. Prélim. 4 ff. pour le titre, l'adresse des Etats et la
table. Le privilége de 1594 ne reparait plus. Texte, 102
feuillets chiffrés contenant les mêmes matières que l'édition précédente et dans le même ordre. Le Recueil du
Style se rencontre fol. 56, avec un titre particulier daté
de 1600 où le nom de l'imprimeur est *André*, et au verso
duquel commence l'impression du texte. Sur ce titre
sont empreintes les armes de Lorraine grossièrement
gravées, surmontées d'un alérion couronné et supportées
par deux aigles. Ce sont celles qu'on trouve sur le titre
du Recueil du Style dans l'édition précédente. A la fin
du volume, dans un cartouche pareil à celui de l'édition
de J. Janson, on lit : *A Nancy, Par Blaise Andrea, Imprimeur ordinaire de son Altesse... 1601.*

En 1614, parut une troisième édition qui donna (1)

_____

(1) Etats de Lorraine en 1611. Griefs particuliers du bailliage
de Nancy.

lieu cette année à un grief des Etats généraux exprimé
en ces termes :

« Le maistre eschevin de Nancy a corrigé, changé et
» fait de nouveau imprimer les coustumes de Lorraine
» auxquelles se retrouve grand nombre de faultes, des-
» quelles il a faict distribution à son profict sans auctorité
» quelconque. »

Réponse. — « S. A. n'entend qu'il soit en rien
» changé, adjousté ou diminué à la coustume, de sorte
» qu'en luy cottant les changemens, erreurs et faultes
» dont il est faict plaincte audict article, soit de celuy
» qui l'a faict imprimer ou de l'imprimeur, il y sera re-
» médié. »

« Accordé;» reprennent les Etats,» et sera représenté
» à S. A. les changements de l'ancienne coustume, pour,
» en suivant son intention, estre restablie et renvoyée au
» premier article de la justice. »

Rép. — » S. A. persiste à sa réponse première. »

Il ne paraît pas qu'il ait été donné suite à ce grief, qui
du reste pouvait bien n'être qu'un moyen détourné de
demander la révision de quelque disposition des coutumes
qui ne satisfaisait pas la chevalerie. Cette ancienne coutume, dont le rétablissement est demandé, était-ce bien
celle dont le texte avait été imprimé par J. Janson et Bl.
André? Et d'un autre côté le Duc, en persistant dans sa
réponse première, n'entendait-il pas qu'on se bornerait
à rapprocher de ce texte celui de la nouvelle édition, pour
reconnaître les erreurs de cette dernière et y remédier?

Quoiqu'il en soit, c'est d'après cette édition de 1614 que les coutumes générales de Lorraine furent réimprimées plusieurs fois sous le règne de Léopold et depuis la réunion de la Lorraine à la France.

En voici la description bibliographique :

Covstvmes générales dv dvché de lorraine es Bailliages, de Nancy, Vosges et Allemagne. *A Nancy , En l'Hostel de Ville, par Iacob Garnich, Imprimeur Iuré ordinaire de Son Altesse ,* 1614..... 1 vol. pet. in-4° en deux parties , sign. A — Dd ij. 1ʳᵉ partie , prélim. 4 ff. contenant le titre ci-dessus, au milieu duquel une petite gravure offre l'écu plein de Lorraine, soutenu par deux aigles et surmonté d'un alérion couronné ; l'adresse des Etats et l'extrait du privilége pour dix ans , donné à Jacob Garnich, le 17 septembre 1611. On lit au-dessous : *Acheué d'imprimer au mois d'Auril* 1614. Texte 62 ff. dont le dernier n'est pas chiffré. Les coutumes générales anciennes occupent les 53 premiers; puis viennent les nouvelles qui finissent au verso du feuillet 53 et sont suivies du procès-verbal des Etats de 1594, de l'ordonnance interprétative de la même année et de celle de 1599, séparées l'une de l'autre par l'ordonnance d'homologation des coutumes nouvelles. — La 2ᵉ partie a 46 ff; le premier occupé par le titre, les suivants chiffrés de 1 à 44 et le dernier non chiffré. Elle est intitulée : Recveil dv Stile a observer es instrvctions des procédvres d'Assizes, es Bailliages de Nancy, Vosges et Allemagne... (Le surplus comme en l'édition de Jean

Janson). On y trouve le Recueil du Style en totalité, le Réglement des salaires et l'ordonnance sur l'homologation, tant des coutumes anciennes et nouvelles que du style et du règlement.

Cette édition est préférable aux trois précédentes, sous le rapport de l'exécution typographique, et parce que les coutumes nouvelles y sont à leur véritable place, c'est-à-dire à la suite des anciennes.

On a vu qu'elle avait été imprimée par les soins du maitre échevin de Nancy. Une pratique judiciaire que ce magistrat fit paraitre en même temps, et qui était son œuvre, donna lieu dans l'assemblée des États généraux à un autre grief exprimé en ces termes : « Il a fait et imprimé » un nouveau style et pratique civile et criminelle qu'il » dit estre conforme à celui des bailliages, les faisant tels » que bon luy semble, comme aussy un autre non im- » primé qu'aulcuns ne peuvent entendre ni comprendre, » le tournant ledit maistre eschevin, et variant en sa fan- » taisie. Et ainsy seul faict les loix, coustumes, pra- » tiques et style du pays, de son aucthorité privée et sans » permission d'aulcun, encore qu'il soit notoire, que » Messieurs les juges d'assizes soient les interprètes des » formalitez et style (article 9 du tiltre de la qualité des » juges). Est S. A. par ce moyen suppliée ordonner un » style stable et perpétuel. »

Rép. — Y est répondu sur l'article 27 ci-après.

Voici effectivement cette réponse :

« Son Altesse commettra prés de son conseil tant.

» d'espée que de robe longue, pour dresser une pratique
» judiciaire ;

   » S'il plait à S. A., « reprennent les Etats, » il y sera
» pourvu par l'effet de la remonstrance du premier article
» du règlement de justice. »

Cette remontrance (1) avait aussi pour but d'obtenir
qu'une commission, composée de membres des Etats et
de personnes choisies par le Duc, fut chargée de dresser
une pratique civile et criminelle. Le Duc y avait répondu
en disant qu'il établirait le règlement qu'il jugerait convenable au bien public, sur l'avis qui lui en serait donné.
Mais cette fois la réponse est plus explicite : c'est dans
son conseil, en vertu de son autorité souveraine et sans
la participation des Etats, qu'il entend faire dresser ce
règlement. On voit qu'il craint que le règlement de la
forme n'emporte le fond du droit, et que les gentilshommes de la chevalerie ne parviennent à introduire à leur
profit, dans une rédaction faite avec leur concours, quelque dérogation à la coutume écrite du duché qui déjà
leur est si favorable. Aussi l'insistance des Etats sur cet
article et sur l'article 27 n'obtient-elle aucun succès, et
Son Altesse persiste à sa réponse première. Cependant
nous allons voir que le prince fut contraint de céder, au
moins en apparence, et qu'il nomma une commission de
révision des coutumes et du style.

   Les autres griefs du bailliage de Nancy, exposés par les

(1) V. *infra.* Appendice, fol. 4.

Etats de 1614, concernent encore le maître échevin et
les échevins de Nancy. La série en est nombreuse, et la
manière d'administrer la justice y est souvent censurée
avec amertume. Il n'entre pas dans mon plan de reproduire ici ces plaintes qui, de la part de la chevalerie, n'é-
taient pas toujours désintéressées (1) ; mais je dois faire
connaître le livre de pratique judiciaire dont il vient
d'être question. Cet ouvrage du maître échevin de Nancy
paraît avoir reçu, au moins tacitement, l'approbation du
souverain ; en tout cas et supposé que, conformément à
la réponse faite aux Etats, une commission ait été chargée de dresser une autre pratique civile et criminelle, on
ne voit pas qu'elle l'ait fait.

Cependant les Etats continuaient leur insistance, ainsi
qu'on le verra plus loin.

PRACTIQVE CIVILE ET CRIMINELLE pour les ivstices infé-
rievres dv dvché de Lorraine conformément à celle des
Siéges ordinaires de Nancy. Par M. Clavde Bovrgeois,
Conseiller d'Estat de Son Altesse & Maistre Escheuin de
Nancy. *A Nancy, En l'Hostel de Ville, par Iacob Garnich, Imprimeur Iuré ordinaire de Son Altesse*, 1614.
1 vol. pet. in-4°.

Préliminaires, 4 ff. qui contiennent le titre ci-dessus

____

(1) Ce n'était pas pour la première fois que la chevalerie expo-
sait ses griefs contre le tribunal des échevins. Un des recueils de
Mory d'Elvange, possédé par M. Noël, contient un mémoire *sur
le Change et sur la réponse de S. A. aux griefs présentés en 1589.*

aux armes ducales, une dédicace du livre au duc
Henry, un avis au lecteur et deux tables de chapitres.
Texte 54 ff. dont 49 seulement sont cotés. Le volume
est terminé par une table des matières suivie d'un feuillet
blanc.

Formulaire du style, ou règlement de justice, dont il
trace l'exécution aux prévôts et aux mayeurs, l'ouvrage
de Claude Bourgeois est en même temps le seul monument un peu complet que nous ayons de la législation criminelle du duché de Lorraine avant le règne de Léopold:
si l'on peut appeler ainsi l'ensemble arbitrairement
coordonné de dispositions éparses dans les anciennes
ordonnances ducales, et dans les résultats d'États, et d'usages, les uns locaux et traditionnels, les autres empruntés
aux pays voisins (1).

Ce qui me reste à dire des coutumes générales du duché, et ainsi que des règlements pour l'administration judiciaire, sera puisé en grande partie dans le mémoire de
Mory d'Elvange sur les États généraux en Lorraine. Ce
ne sera pas accroître de beaucoup ma dette envers cet es-
timable écrivain; car je lui ai déjà fait plus d'un emprunt

----

(1) Ce n'est pas ici le lieu de donner des extraits de ce livre
que je me borne à recommander aux bibliophiles lorrains,
qui veulent consacrer quelques études à l'histoire morale de
leur pays. J'aurai occasion de le faire connaître, en ce qu'il a de
plus intéressant, par un mémoire spécial sur la répression des
crimes et des délits dans l'ancienne Lorraine.

de textes cités ou analysés dans son ouvrage. C'est surtout à lui que je dois l'indication des sources où j'ai puisé ; et mon travail serait moins imparfait, si ses recueils de documents inédits sur l'histoire de Lorraine n'étaient pas aujourd'hui dispersés ou détruits en partie (1).

Après avoir rappelé qu'en 1594 les Etats jugèrent indispensable de mettre par écrit un style pour les bailliages de Nancy, Vosges et Allemagne, Mory d'Elvange ajoute que « cette proposition ayant été renouvelée en » 1615, le duc Henry nomma le procureur général Remy » (2), pour assister aux conférences sur cet objet avec » MM. de Stainville, de Lignéville, Bardin et Royer. »

En 1621, les Etats occupés du même objet nommèrent des députés, pour vaquer à la révision des coutumes et dresser une pratique civile et criminelle pour les trois

---

(1) Les notes de ses Fragments historiques citent bon nombre de pièces appartenant à des recueils qu'il avait intention de déposer à la bibliothèque publique de Nancy. Le catalogue manuscrit de sa collection lorraine, dressé par lui-même après la publication de cet ouvrage, mentionne entre autres: «Ordonnances, his-» toire, priviléges, assises. — Deux portefeuilles, contenant des » actes originaux ou des minutes du temps. »

(2) Ce n'était plus Nicolas Remy, mais Claude Remy, qui suivant Rogéville, avait succédé à Nicolas en 1599. Bardin et Royer étaient maîtres des requêtes de l'hôtel du duc. Les deux autres commissaires appartenaient à la chevalerie par leur naissance, et au clergé par les dignités ecclésiastiques dont ils étaient revêtus.

bailliages de Lorraine.» C'était probablement afin d'accélérer la rédaction de cette pratique sollicitée avec tant d'instance; mais ce fut sans résultat, et, comme je viens de le dire, si cette commission dans laquelle entraient encore MM. de Stainville et de Lignéville se mit à l'œuvre, son travail ne fut point achevé ou resta à l'état de projet.

Il convient d'ajouter qu'aux Etats de 1619 il avait été décidé « que ceux qui estoient commis par S. A. aux » derniers Estats, au parachevement des covstumes et du » style vacqueroient jour après autre, pour estre l'œuvre » parachevée l'année prochaine et auront pour cette fois » 500 francs ; » et qu'en avril 1622 le duc fut prié de pourvoir au remplacement de ceux des commissaires qui étaient décédés, « pour vacquer à la révision des cous- » tumes et du style jusqu'à l'entier parachèvement d'i- » celle.., à ce que dans Noël prochain, pour le plus tard, » ils puissent le tout rapporter à l'assize de Nancy.

» Aux Etats de 1626 , continue Mory d'Elvange, on » décida que la coutume serait revisée et augmentée s'il » le fallait... A ceux de 1629 on insista sur l'homologation » des coutumes et du style... et on se plaignit des frais » exorbitants de justice. »

Cependant en 1628, Charles IV accomplit la promesse qu'avait faite Henry II d'établir un nouveau règlement des honoraires et vacations des magistrats et autres officiers de justice : ce fut à la demande réitérée et avec le concours des gentilshommes et du clergé , probablement en se promettant que cette concession *ne préjudicierait pas pour l'avenir.* Ce prince ne pouvait guère se dispenser de déférer cette fois au vœu des Etats qui avaient, trois années auparavant, mis la couronne ducale sur la tête de François de Vaudémont son père. Il y avait encore trop peu de temps qu'il leur était redevable d'être duc de Lorraine de son chef, et non plus en qualité d'époux de la fille de Henry II, légitime héritière du duché: au moins le prétendait-elle avec quelque apparence de raison. Pouvait-il transgresser sitôt le serment qu'il venait de prêter entre les mains de M. de Lignéville, député par les Etats pour le recevoir à son entrée solennelle dans Nancy, *de garder, maintenir et entretenir les trois Etats du duché en leurs droits, ancienne liberté, franchises et usages ?*

Ce nouveau réglement, assez mal observé, quoiqu'il élevât le tarif des honoraires et vacations jugé trop bas en 1614, est le seul fruit des travaux législatifs qui eurent lieu dans les trente premières années du XVII° siècle, pour la révision des coutumes générales du duché de Lorraine et des réglements sur l'administration de la justice. Il est à croire que la mauvaise volonté du gouvernement ducal contribua pour beaucoup à les rendre stériles. Quoiqu'il en soit, la guerre avec la France survint; Louis XIII commanda pendant plusieurs années en maître absolu dans la Lorraine occupée par ses troupes, et Charles IV à son retour, trouvant un accroissement de pouvoir dans la forme du gouvernement qui avait été établie pendant la conquête, n'eut garde de rétablir l'ancien ordre de choses. Les Etats ne furent plus assemblés ; et tout ce qui fut fait depuis lors, sous le règne de ce duc et sous celui de Léopold, pour régler l'administration de la justice eut lieu, comme en France, en vertu de l'autorité souveraine et de la puissance illimitée du prince.

Le règlement de 1628 se trouve dans les deux éditions ci-après, sorties des mêmes presses à deux ans d'intervalle ; mais on a jugé inutile d'y reproduire l'ancien règlement abrogé.

Covstvmes générales du duché de Lorraine. *A Espinal, Par Ambroise Ambroise, Imprimeur audit lieu,* 1651. 1 vol. pet. in-12. Sign. A 2—N 5.

Prélim. 6 ff. y compris le titre ci-dessus gravé à l'eau forte par Callot; vient ensuite un second titre imprimé, sans indication de lieu ni date, ainsi conçu : Covstvmes générales anciennes et nouvelles dv dvché de Lorraine. Pour les Bailliages de Nancy, Vosges, et Allemagne. Le style des procédures d'Assizes, Celuy des procédures de Iustice, le Réglement et taxes d'icelles. Le surplus des feuillets liminaires est occupé par l'adresse ou épître des Etats au duc Charles III, le sommaire du privilège pour dix ans au-dessous duquel on lit : *Acheué d'Imprimer le* 14 *iour du mois d'Aoust* 1652, enfin par un faux titre pour les coutumes anciennes. Texte, 1ʳᵉ partie paginée de 1 à 160, renfermant les mêmes matières que l'édition de Garnich, et dans le même ordre. La 2ᵉ partie, précédée d'un titre particulier copié sur cette édition, et au bas duquel Amb. Ambroise prend le titre d'*imprimeur de Son Altesse*, est paginée de 1 à 116. Elle renferme les deux recueils du style et le règlement dont il vient d'être question. Puis viennent sur 10 ff. sans chiffres, dont le dernier en blanc, l'ordonnance de 1595 pour la publication des coutumes, etc. et une table en 4 parties.

Jolie édition, devenue rare, surtout avec le titre gravé qui est incontestablement de Callot, quoique notre célèbre calcographe n'y ait pas mis son nom.

COVSTVMES GÉNÉRALES... (comme au titre imprimé de l'édition précédente)... *A Espinal, Par Ambroise Ambroise, Imprimeur de Son Altesse*, 1633. 1 vol. pet. in-4°.

Prélim. 4 ff. titre compris. Texte 1re partie, 159 pp. La 2e partie qui commence par un faux titre est paginée de 1 à 125. La table des titres de tout le volume, imprimée au revers de la page 125, se continue sur 2 ff. non cotés. Cette édition exécutée avec plus de soin que celle de Jacob Garnich, quoique inférieure au premier aspect, présente les matières disposées dans le même ordre que la précédente.

Il arrive quelquefois de rencontrer réuni à des exemplaires de cette édition, le volume ci-après qui a paru l'année suivante chez Ambroise Ambroise.

COMMENTAIRE svr les covstvmes de Lorraine Avquel sont rapportées plusieurs Ordonnances de S. A. & des Ducs ses deuanciers. Auec des arrestz de son conseil & autres cours souveraines & autres décisions de droit & practique. Par Pierre Canon, Juge Adsesseur au Bailliage de Vosge. *A Espinal, Par Ambroise Ambroise, Impri-meur,* M.DC.XXXIV. pet. in-4°.

Prélim. 4 ff. contenant le titre ci-dessus aux armes de Lorraine et une dédicace à Charles-Philippe de Croy, duc d'Havré. Texte paginé de 1 à 494, suivi d'un feuillet blanc.

Cet ouvrage est le premier commentaire imprimé des coutumes générales de Lorraine. (1) Celui de Florentin Thierriat est peut-être antérieur de quelques années ; mais il n'a été livré à l'impression qu'en 1657, sous le titre de REMARQUES d'ABRAHAM FABERT..... sur les coutumes générales du duché de Lorraine. J'aurai occasion d'y revenir ultérieurement.

Près d'un demi-siècle s'écoula entre la dernière des six éditions que je viens de décrire et la première réimpression qui en fut faite. Celle-ci eut lieu à Metz en 1682 (1). Elle est aussi en deux parties dont l'une contient les coutumes et l'autre le style de procédure. Le parlement de Metz exerçait alors la haute juridiction dans le duché de Lorraine et le Barrois non mouvant ; et l'or-

---

(1) Pierre Canon est le père de Claude-François Canon, président à la Cour souveraine de Lorraine et envoyé de Léopold au congrès de Riswick, où son habileté diplomatique fut employée avec succès pour le rétablissement de ce prince dans la souveraineté de la Lorraine et du Barrois. V. l'article que M. Justin Lamoureux a donné sur l'un et sur l'autre, dans la *Biographie universelle,* Tom. LX p. 91 et 92.

(1) Metz. Fr. Bouchard, pet. in-12.

donnance royale du 2 décembre 1670 qui l'en avait investi portait injonction à la cour souveraine de Lorraine de se séparer incontinent, et défense à ses membres de faire en corps ou autrement aucune fonction de leurs charges

Le texte des coutumes générales de Lorraine, abrogé implicitement en quelques-unes de ses dispositions par Charles IV, puis sous la domination française et plus tard par les édits de Léopold sur l'administration de la justice, dut être au XVIIIe siècle remis en question plus d'une fois dans le conseil ducal. Lorsqu'enfin on se décida à le maintenir, au moins littéralement, dans son entier et à le réimprimer, on eut à choisir entre les anciennes éditions qui l'avaient publié. La préférence fut pour celle qu'avait donnée le maître échevin de Nancy et à laquelle les Etats de 1614 reprochaient un grand nombre de fautes (1). Et ce fut d'après l'édition de Jacob Garnich que J. B. Cusson et son fils réimprimérent plusieurs fois à Nancy le texte de ces coutumes. Les jolies éditions qu'ils en ont données sont trop généralement connues pour que leur description soit de quelque utilité.

Je viens de dire que quelques dispositions de ces coutumes avaient été implicitement abrogées : ce sont entre

(1) Je n'ai pu découvrir les motifs de cette préférence, donnée à la réimpression de 1614 sur l'édition originale de 1596, dont elle ne m'a paru différer que très-légèrement. Celle-ci, quoique rare, ne devait pas l'être tellement qu'il fut impossible d'en trouver un exemplaire.

autres celles où il s'agit des assises. Encore quelques
pages sur ce tribunal dont il a déjà été question plusieurs
fois dans ce mémoire. Je les puiserai dans le texte même
des coutumes du duché et du règlement de procédure; je
dirai simplement ce qu'étaient en dernier lieu les assises,
sans remonter à leur origine, qu'il faut chercher dans la
fusion des usages des Gallo-Romains avec ceux des peu-
plades germaniques qui vinrent au IVe siècle s'établir en
conquérants dans cette partie de la Gaule (1). Autrement,
il me faudrait non-seulement analyser, mais encore soumettre à une nouvelle discussion et coordonner les documents que les historiens de Lorraine nous ont transmis
à ce sujet, et ce n'est pas ici le lieu.

On convient assez généralement que la haute jurisdiction des assises existait lorsque Gérard d'Alsace obtint de
l'empereur Henry III l'investiture du duché de Lorraine.
En tout cas, elle date de plus haut que la seconde moitié
du XIIIe siècle; car le testament de Thiébaut II, rapporté
par le P. Vignier, restitue aux jugements de la chevalerie l'autorité souveraine qu'ils avaient antérieurement
au règne de Ferry III, son père.

Les chevaliers lorrains étaient fiers à juste titre du
droit qu'ils avaient de juger en dernier ressort, de réformer à leur gré les sentences des justices ducales et sei-
gneuriales dans tout le territoire des trois bailliages, et de

(1) Voir Cesar, *De bello Gallico*, livre VI, et Tacite, *De mo-
ribus Germanorum*.

9

ne pouvoir être jugés eux-mêmes que par leurs pairs (1)
devant lesquels ils entrainaient le duc lui-même,
quand il leur arrivait d'être en procès avec lui. C'était là
le fondement et la garantie de leur puissance; et ce privilége éminent, témoignage irrécusable d'une antique
illustration, rappelait un temps antérieur à celui où ils
avaient eux-mêmes élevé les ducs amovibles de Haute-
Lorraine ou Mosellane au rang de souverains hérédi-
taires: ceux-ci n'étaient alors vis-à-vis des seigneurs du
pays que *primi inter pares*. Mais à l'époque où les
chevaliers firent consacrer cette juridiction par le texte
légal de la loi coutumière, ils n'en remplissaient plus les
devoirs avec le même zèle qu'autrefois, bien que récla-
mant à tous propos contre les entreprises des tribunaux
institués par le prince, de ses baillis (2) et de son procureur général. Ils se reposaient l'un sur l'autre de fonctions que le défaut d'instruction spéciale rendait du
reste fort pénibles à la plupart de ces gentilshommes; et
quand ce n'était pas par l'incapacité des juges que les
procès trainaient en longueur, c'était par leur inexac-
titude à siéger. Les procès des assises, dit un commen-

(1) En matière criminelle, ils étaient justiciables du tribunal des
échevins de Nancy.

(2) Dans leur requête du 1er mai 1592, les prélats et gentilshommes du bailliage d'Allemagne se plaignaient de ce que le bailli
s'arrangeait de manière à attirer à lui toutes les causes, et à *tout
doucement abolir les assises* dans ce bailliage.

tateur de la coutume, contemporain de cet état de choses, « *sont plus vieux que leurs procureurs, leurs juges et* » *leurs parties. Le bœuf ou la vasche et le maistre* » *mesme sont plus tost morts, le meuble usé et la mai-* » *son périe que le procès jugé. Les grands du pays* » *naiz à plus grandes choses, et les petits exercés à* » *des moindres, ne scavent pas la forme des procédures* » *et ne s'y veulent employer; toutes fois ne trouvent pas* » *bon que d'autres en usent.* (1) »

Ce relâchement ne fit qu'augmenter dans les années suivantes (2), et en 1622 il était parvenu à ce point que pour assurer la tenue des assises, où les affaires arriérées s'accumulaient faute de juges en nombre suffisant pour constituer ce tribunal, les Etats généraux firent un règlement portant que les noms des prélats et gentilshommes, tenus de siéger à tour de rôle aux assises des bailliages, seraient placardés dans les salles d'audience, et les défaillants *mulctés de la somme de vingt francs applicable au profit des seigneurs présents.* Ce règlement les obligeait en outre à donner caution bourgeoise à Nancy, Mirecourt et Vaudrevange, pour satisfaire le cas échéant aux amendes par eux encourues. Un autre règlement émané

(1) Florentin Thierriat.

(2) Plaintes des seigneurs aux assises, contre ceux qui ne se sont pas rendus aux assises de 1606. Authentique dans les recueils de Mory d'Elvange, collection de M. Noël. — Ordre pour les assises de Nancy et Mirecourt, 1608. Idem 1610, ibid.

des Etats généraux de 1629 (1) vient encore témoigner
de leurs efforts pour rendre au tribunal des assises son
ancienne activité. Le nombre nécessaire pour juger aux
assises de Nancy y est réduit de onze à sept, et de sept à
cinq aux assises de Mirecourt et de Vaudrevange (2).
Vaines tentatives, efforts impuissants! La chevalerie lorraine subissait le sort commun de toutes les institutions;
le temps de son déclin était arrivé, et chaque jour elle
faisait un pas vers sa ruine, comme la noblesse féodale en
France. Celle-ci succomba sous Richelieu. Pour abattre
l'autre que les troubles de la Ligue n'avaient pas atteinte,
il fallut peut-être les désastres de la guerre de trente ans
et les opprobres de l'occupation étrangère. Quoiqu'il en
soit, au commencement du XVIII° siècle, cette haute noblesse des trois bailliages, jadis si nombreuse et si puissante, se trouvait réduite à quelques maisons de *nom et
d'armes* et à quelques gentilshommes d'origine assez contestable. Les descendants, vrais ou supposés, de ceux qui
se disaient sans trop d'orgueil les pairs des ducs de Lorraine, étaient à la cour de Léopold maîtres d'hôtel de Son
Altesse ou intendants de sa garde-robe. A mesure qu'ils
descendaient le tiers état s'élevait, mais d'une manière
insensible : l'heure était encore éloignée où il devait

(1) Mory d'Elvange, *libro citato*, page 34.

(2) Recueils manuscrits de Mory d'Elvange. Assises des Vosges,
proposition de les remettre en vigueur, 1630. — Minute du règlement pour les assises des Vosges.

être à peu près tout dans l'ordre politique, et en attendant on le voit se résigner à n'être rien et favoriser, autant qu'il est en lui, la tendance du prince au pouvoir absolu, bien moins pesant pour *le populaire* que la protection des nobles ses anciens seigneurs.

La juridiction des assises dans le duché de Lorraine est, comme je l'ai dit, réglée par la coutume générale.

« Des gentilshommes, dit l'article 5 du Titre 1er *Des*
» *Droictz, estat et condition des personnes :* les uns sont
» de l'ancienne chevalerie du duché de Lorraine et les
» autres non. Ceux de l'ancienne chevalerie jugent sou-
» verainement sans plaincte, appel, ny révision de procès
» avec les fiefvez leurs pairs, de toutes causes qui s'in-
» tentent es assises du bailliage de Nancy; comme aussi
» des appellations qui y ressortissent de celles des bail-
» liages de Vosges et d'Allemagne, ensemble de toutes
» autres qui s'interjectent du Change et siéges subalternes
» à l'hostel de Monseigneur le duc. Jugeants aussi sou-
» verainement et en dernier ressort es fueurs-assises des
» Vosges et faictz possessoires au bailliage d'Allemagne. »

Le complément et l'interprétation de cet article sont fournis par le Recueil du Style, 1re partie, concernant les procédures d'assises. Titre 1er. *De la qualité des juges et matières traitables par devant eux.*

» Art. 7. Lesdicts gentilshommes de l'ancienne cheva-
» lerie ès assises de Nancy jugent souverainement, sans
» que l'on puisse contre leur jugement former plaincte,
» appel, proposition d'erreur, requeste civile, évocation,

» ou autre moyen quel qu'il soit, tendant à révision de
» procès.

» **Art. 8.** Il y a appellation desdictes assizes de Vosges
» à celles de Nancy, en action pétitoire, et desdites
» assizes d'Allemagne auxdictes assizes de Nancy, en
» action pétitoire et possessoire. »

Art. 9. « Sont aussy les juges d'assizes les interprè-
» tes de leurs sentences et jugemens, comme aussy des
» formalités et style. »

Ainsi les assizes de Nancy, capitale du duché de Lorraine, étaient placées à un plus haut degré de juridiction
que celles des Vosges et d'Allemagne. C'étaient les assises
souveraines, celles des Vosges ne jugeant en dernier
ressort que des actions possessoires. Aussi fallait-il qu'un
plus grand nombre de juges concourût à l'arrêt. Les
assises de Nancy et des Vosges se tenaient au siége du
bailliage (1) de *quatre semaines à autres*, dit le Recueil
du Style. Ibid. art 1er). Celles du bailliage d'Allemagne
de deux mois à autres. C'était le bailli qui faisait

(1) Mirecourt était le siége du bailliage des Vosges ; et une
ordonnance du 3 mai 1581 avait établi à Vaudrevange celui du
bailliage d'Allemagne. Les autres siéges de justice bailliagère,
dans les états du duc de Lorraine, étaient Saint-Mihiel, Hatton-
chatel, Apremont Bar-le-Duc ; et dans le bailliage du Bassigny,
chacun des différents chefs-lieux de sénéchaussées et de prévôtés
alternativement ; Vézelise pour le comté de Vaudémont ; Châtel-
sur-Moselle et Epinal.

l'ouverture du livre des assises et qui les présidait; mais il n'avait qu'un rang d'honneur à celles de Nancy et des Vosges, et il était tenu de se retirer lorsque les juges délibéraient, après avoir chargé l'un d'eux de recueillir les voix et de prononcer la sentence. Au bailliage d'Allemagne, les prélats, quoique non gentilshommes, avaient entrée aux assises et le bailli voix délibérative. Cette prérogative du bailli d'Allemagne faisait participer le prince à l'administration de la justice; mais elle perdait de son importance par la faculté d'appeler aux assises de Nancy des jugements rendus en celles de Vaudrevange (1).

(1) Si l'on ne consultait que la Coutume de Lorraine et le Recueil du style pour les procédures d'assises, on serait tenté de croire que cette supériorité des assises de Nancy sur celles des autres bailliages tenait principalement à la qualité des juges, gentilshommes de la chevalerie à Nancy, simples gentilshommes ailleurs. En effet, l'article 5 du titre 1er de la coutume s'exprime en ces termes non équivoques; « *Des gentilshommes les uns sont de l'ancienne che-* » *valerie du duché de Lorraine, les autres non. Ceux de l'an-* » *cienne chevalerie jugent souverainement* de toutes causes qui » s'intentent ès assises de Nancy, comme aussi des appellations » qui y ressortissent de celles des bailliages des Vosges et d'Alle- » magne.... Jugeant aussi souverainement et en dernier ressort » es fueur-assises du bailliage de Vosges et faicts possessoires » au bailliage d'Allemagne. »

Remarquons en passant que, si dans cette dernière phrase *ès* veut dire *aux*, la disposition qu'elle contient a été abrogée

Les assises du bailliage de Vosges avaient deux juridictions, l'une de première instance et l'autre de dernier

implicitement par le Recueil du style qui dit au Titre 1er, article 8:
« Il y a appellation desdites assises de Vosges à celle de Nan-
» cy en action pétitoire, et desdites assises d'Allemagne auxdites
» assises de Nancy en action *possessoire* et pétitoire. »

Reprenons :

« L'ouverture du livre es assises de Nancy, se faict par le
» bailly avec six *gentilshommes de l'ancienne chevalerie*...»Recueil
du style, même titre, article 2.

« En celles de Vosges l'ouverture du livre se faict par le bail-
» ly avec deux *gentilshommes* pour le moins » Ibid. article 3.

« Au bailliage d'Allemagne les mêmes formalitez sont gardées,
» sauf que les prélatz, encore qu'ils ne soient gentilshommes,
» entrent aux assises avec lesdicts *gentilshommes*... et s'y pourra
» faire l'ouverture du livre en présence du bailly et de trois, tant
» prélatz que *gentilshommes*. »Ibid, article 4.

Enfin « *Lesdits gentilshommes de l'ancienne chevalerie*, es as-
» sises de Nancy jugent souverainement... » Ibid, art. 7 déjà cité.

Ces textes sont identiques dans ces six éditions que j'ai citées
et qui toutes ont paru dans les quarante années subséquentes à la
rédaction de la coutume et du style.

Cependant le jurisconsulte Guinet, qui écrivait au XVIIe siècle le
mémoire sur les anciennes jurisdictions du duché de Lorraine que
dom Calmet a inséré dans son histoire, (t. 3 de la 2e édition), ne
fait pas cette distinction ; on ne la rencontre dans aucun des écrits
postérieurs où il est question de l'ancienne chevalerie et des assises ; et les anciens documents législatifs recueillis par Rogéville

ressort. Celle-ci avait lieu non-seulement en matière possessoire, mais encore dans les causes de la nature de celles qu'on appelle aujourd'hui affaires sommaires : ces causes se jugeaient en *fueurs assises*, c'est-à-dire qu'elles étaient vidées au fur et à mesure en suivant l'ordre d'ancienneté. Aux fueurs assises, étaient aussi portées et jugées, entre toutes personnes et en dernier ressort, les actions personnelles et les appels des sentences rendues dans les siéges inférieurs.

L'article 5 du style des procédures d'assises détermine en ces termes la juridiction de première instance :

« Es assises de Nancy et de Vosges se plaident et dé-

au mot *Assises* de son Dictionnaire des ordonnances de Lorraine, jusques et y compris l'édit rendu par Charles III, le 5 mai 1581, doivent la faire rejeter pour tout le temps qu'ils embrassent.

N'est-ce pas une innovation qu'a introduite ou autorisée le Recueil du style, à une époque où peut-être les rangs de l'ancienne chevalerie lorraine étaient déjà trop clair-semés pour suffire aux besoins de la jurisdiction des assises? Et ne faut-il pas remonter plus haut qu'aux Etats de 1629, pour trouver le principe de l'admission aux assises sur la preuve « que la famille de ceux qui prétendaient y » entrer était d'ancienne et noble origine, ou qu'ils descendaient des » filles de l'une des familles de l'ancienne chevalerie de Lorraine en » loyal mariage. » (Mory d'Elvange.) Le fait est qu'il est tel nom qu'on voit figurer, antérieurement à 1629, aux assises du bailliage d'Allemagne et qu'on ne rencontre sur aucune des listes tant imprimées que manuscrites des gentilshommes de l'ancienne chevalerie.

» terminent les actions qui s'intentent au pétitoire pour
» fiefs, arrière-fiefs, chasteaux, maisons fortes, rentes,
» revenus et droits seigneuriaux; pour francs-alœuds no-
» bles enclavés esdicts bailliages ; pour villes ou villages,
» droicts de patronage lay, et pour toutes autres choses de
» pareille nature et condition. Et ce entre le Prince et ses
» vassaux, de vassaux à autres, et entre tous autres
» capables de contendre les choses susdictes. En celles
» d'Allemagne non-seulement se cognoist desdictes ac-
» tions pétitoires, mais aussi des possessoires et per-
» sonnelles ; et en celles de Vosges dudict possessoire
» aussi... »

Ainsi, dans le ressort des bailliages de Vosges et d'Allemagne, les procès de ce genre, et il ne pouvait guère en
surgir qu'entre personnes nobles (1), étaient portés aux
assises de Mirecourt (2) et de Vaudrevange, et en cas
d'appel aux assises de Nancy qui les jugeaient souverainement. C'était aussi à ces dernières qu'appartenaient
en dernier ressort les appels des sentences rendues par

(1) Coutume générale de Lorraine. Titre V, article 2. « Rotu-
» riers ne sont capables de tenir fiefs en propre: et si à droict
» dhoirie ou successions aucuns leur en obviennent, sont tenus
» dedans l'an et jour les remettre en mains de gentilshommes
» ou annoblis capables à les retenir et posséder, à faute de quoy
» sont commis. » (Confisqués.)

(2) Les assises de Vosges se sont aussi quelquefois tenues à
Charmes.

les échevins de Nancy et dans toutes les justices subalternes du bailliage. Cette partie bien distincte de la jurisdiction des assises de Nancy se nommait le *droit de
l'hôtel de Monseigneur ;* c'était au nom du Duc que les
arrêts étaient rendus, quoique par les gentilshommes de
l'ancienne chevalerie : aussi le bailli avait-il voix délibérative (1) dans le jugement de ces procès. Enfin, il n'y
avait aux bailliages de Nancy qu'un degré de jurisdiction
pour les causes de la nature de celles que le dernier des
articles précités attribuait aux assises (2): autrement, il
aurait fallu que les assises de Nancy se partageassent en
deux sections, dont l'une eut jugé les appels des sentences
rendues par l'autre.

Indépendamment des assises, il y avait dans la Lorraine ducale deux hautes jurisdictions : c'était le conseil
du duc où se jugeaient comme en cassation, dit Rogéville, les plaintes faute de justice contre les sentences des

(1) Recueil du style des procédures d'assises, titre VIII, article 5.

(2) C'est ce qui faisait dire, et l'on peut croire que c'est ironi-
quement, au commentateur déjà cité... « Il n'y a point d'appel
» des anciens chevaliers, leur premier jugement est aussi bon
» que le dernier. Ce sont autant de Minerves armées dès la nais-
» sance de science et de valeur; le droit qui sort de leur bouche
» est porté partout; il n'est pas seulement dispersé par les veines
» et artères, tous les membres en sont remplis et le chef même,
» le prince souverain, en est souverainement jugé en ses différends.»

bailliages, dans les villes où ils jugeaient en dernier ressort (1), et la chambre des comptes qui, par attribution extraordinaire résultant de lettres patentes du prince, statuait souverainement sur les appellations et plaintes interjetées des sentences rendues par les juges du comté de Blâmont, de la ville et châtellenie de Marsal, du bourg et mère-cour de Saint-Nicolas, du marquisat de Nomeny et des autres territoires réunis par acquisition à la souveraineté ducale (2).

Ces notions sur le tribunal des assises paraissent suffisantes pour faire apprécier ce qu'était la puissance des gentilshommes de l'ancienne chevalerie lorraine, investis, outre la prééminence et les priviléges qui les distinguaient du reste de la noblesse, d'une jurisdiction souveraine que le prince lui-même ne pouvait décliner, et à laquelle était soumis, à quelques exceptions prés, tout le territoire des trois bailliages. Il ne leur manquait guère que de connaître en dernier ressort des affaires criminelles, pour que la justice souveraine émanât d'eux seuls (3).

(1) Voyez Recueil du style, procédure de justice. Titre VIII, articles 1 et 18.

(2) Voyez au Dict. des ordonnances de Rogéville. T. 1, p. 147, un mémoire de la chambre des comptes contenant le détail des nombreuses attributions qu'elle avait en 1628.

(3) Au reste, n'exerçaient-ils pas dans leurs seigneuries, à l'égal du duc, les droits de basse, de moyenne, et quelquefois de haute justice.

On comprend combien ils devaient être jaloux de ce droit vraiment régalien, tout en négligeant les devoirs qui y étaient attachés, et qu'ils ne durent pas voir d'un œil indifférent les changements qui le leur enlevèrent.

L'histoire de ces changements et des tentatives plusieurs fois réitérées des chevaliers, pour être réintegrés dans le plus beau et le plus important de leurs priviléges, est en dehors du plan que je me suis tracé. Je dois me borner à rappeler brièvement que les assises furent supprimées en 1634 (1). Une ordonnance de Louis XIII, devenu par la force des armes maître des duchés de Lorraine et de Bar, établit un conseil souverain pour administrer la justice à Nancy, et lui attribua dans

---

(1) Les assises de Nancy votèrent successivement, en mai 1633 et en décembre suivant, la continuation de l'aide des conduits (impôt sur les ménages) qu'avaient accordé les États de 1629. La première fois les gentilshommes s'en rapportèrent à la promesse que Charles IV leur faisait de convoquer les États, *suivant l'ordre qu'il en avait ja donné, dont néantmoins l'effect n'avroit pas suivy pour considérations*; mais la seconde fois la contagion répandue dans tout le pays et le passage continuel des gens de guerre ne parurent pas à l'assemblée des assises une excuse suffisante de n'avoir pas convoqué les États. Elle nomma des commissaires pour poursuivre *la radresse* des griefs les plus pressants et requérir des ducs, *en toute humilité*, de vouloir bien *au plutost que faire se pourra*, assembler les États généraux. Cette session de décembre de 1633 fut vraisemblablement la dernière, motif pour lequel je n'ai pas cru devoir la laisser en oubli.

tous les états de la souveraineté ducale, excepté dans le
ressort du parlement de Saint-Mihiel dont la jurisdiction
était maintenue, la connaissance en dernier ressort de
toutes les affaires qui ressortissaient aux Conseil d'Etat,
Cour de parlement, Chambre des comptes, Cour des
aides et *autres jurisdictions souveraines ci-devant éta-
blies en Lorraine.*

Ces dernières expressions, qui ne pouvaient concerner
que la chevalerie, se trouvent répétées dans une seconde
ordonnance rendue le 18 septembre de la même année,
et, si la chevalerie put douter du sens qu'elles avaient,
toute incertitude dut cesser en présence des lettres patentes du 15 juillet 1637, où Louis XIII transféra au
parlement de Metz les attributions du conseil souverain
de Nancy et la jurisdiction de la cour de Saint-Mihiel.
Le monarque français prend soin d'y rappeler que sur les
remontrances des députés de l'ancienne chevalerie *touchant la suppression de la justice des assises*, il avait
trouvé bon d'admettre en son conseil souverain *quelques-uns de ce corps, leur y donnant rang, séance et
voix délibérative :* ce qu'il faisait encore en faveur du sieur
de Chamblay l'un d'eux, en lui donnant au parlement de
Metz le rang et toutes les prérogatives qu'il avait au
conseil souverain de Nancy. Un des premiers actes de
Charles IV, rétabli momentanément dans ses états, fut
de conserver ce qu'avaient de favorable à son autorité
les institutions judiciaires introduites en Lorraine par le
gouvernement français, à l'exclusion des anciennes juri-

dictions souveraines. Une ordonnance qu'il rendit à Epinal, le 7 mai 1641, réorganisa la cour de Saint-Mihiel, l'attacha à la personne ducale et l'investit du pouvoir de juger et décider souverainement des appellations et plaintes qui y ressortissaient ci-devant et *par-devant tous autres*, tant en matière civile que criminelle, dans les duchés de Lorraine et de Bar. Enfin, en 1661, quand une seconde ordonnance du même prince divisa cette cour en deux chambres, l'une pour la Lorraine, l'autre pour le Barrois, et d'ambulatoire qu'elle était la rendit permanente, la chevalerie put y lire ces mots qui confirmaient encore implicitement la suppression de ses assises, « auxquels conseillers par nous » établis, « dit-il, » nous attribuons toute jurisdiction et » connoissance des affaires civiles et criminelles, et gé- » néralement *de toutes choses, concernant la justice et* » *police, dont les juges souverains établis par S. M. T. C.* » *souloient connoistre et ont connu, durant que ses ar-* » *mées ont occupé nos estats.* » La nouvelle cour succéda donc au parlement de Metz, comme ce parlement avait succédé au Conseil souverain et ce Conseil au Tribunal des assises. La chevalerie lorraine, qui avait en 1634 adressé des remontrances à Louis XIII, en fit encore et de très-vives à l'occasion de ces ordonnances (1); mais

(1) Voyez les mémoires du Marquis de Beauvau, Livre 5, et Dom Calmet, Dissertation sur la noblesse de Lorraine, au tome II de sa grande histoire.

elles n'eurent pas plus de succès auprès du Duc qu'auprès du Roi. Charles IV était depuis trop longtemps affermi dans la résolution de supprimer les priviléges de la noblesse (1), en tout ce qui pouvait l'empêcher d'exercer un pouvoir absolu

C'est ainsi que furent supprimées les assises de la chevalerie lorraine, après une existence de plusieurs siècles. Lorsqu'en 1698 Léopold fut remis en possession des états dont son père Charles V n'avait été que le souverain nominal, quelques demandes lui furent faites pour qu'il rétablît les chevaliers dans leurs anciennes prérogatives, mais on n'y mit pas une vive insistance. Il ne restait plus de l'ancienne chevalerie qu'une ombre

---

(1) Il paraît qu'en 1629, ce prince avait déjà porté une première atteinte au tribunal des assises. Je lis dans un ancien commentaire manuscrit de la coutume de Lorraine.

« Aux Etats tenus à Nancy au mois de mars 1629, M. Baillivy maître de requêtes porte la parole, du commandement de S. A. aux députés de l'Estat, que l'intention de S. A. était que l'on pût se pourvoir par devant elle en son conseil contre les jugements des assises. De quoy n'est pas parlé au résultat dudit Estat, parce que les députés supplièrent S. A. qu'il n'en fût pas fait mention. Néanmoins on a plusieurs fois donné assignation en nullité desdits jugements et surséance, comme pour le sieur Caboche contre le sieur Comte de Ludres, pour Honoré Huguet, chirurgien de Nancy, et consorts et plusieurs autres. Néanmoins lesdits sieurs firent ensorte qu'il n'y eût point d'arrest, par ce qu'on aurait réformé aucuns de leurs jugements. »

de ce qu'elle était au XVIᵉ siècle; les plus âgés de ses représentants peu nombreux se souvenaient à peine d'avoir
vu les dernières assises et la dernière assemblée des
Etats et les générations plus jeunes s'étaient accoutumées,
sous la domination française, au pouvoir illimité du
Prince. Il ne fut pas difficile à celui-ci d'écarter des prétentions surannées. D'ailleurs, cette noblesse appauvrie
pour ne pas dire ruinée, était alors, bien plus qu'autre -
fois, accessible à la séduction des bienfaits; et ce fut pour
imposer silence à ses réclamations un moyen plus efficace
que les rigueurs auxquelles Charles IV avait eu recours.
Des juridictions supérieures et inférieures dont la seconde partie du Recueil du Style traçait la procédure,
je n'ai rien à dire qu'on ne trouve dans le Dictionnaire
des ordonnances et des tribunaux de la Lorraine et du
Barrois , particulièrement au mot *Bailliage*. Les détails de quelque intérêt que je pourrais donner sur le
Tribunal du bailliage ou des échevins de Nancy, qu'on
appelait aussi le Change, sont relatifs à sa juridiction au
criminel; et ce n'est pas ici qu'ils doivent trouver leur place.

Coutumes du Bailliage d'Epinal.

Le texte légal des coutumes du bailliage d'Epinal fut
arrêté en 1605. Les gentilshommes de la chevalerie lorraine avaient vainement tenté de soumettre ce bailliage
à la coutume générale du duché de Lorraine ; cette œuvre de fusion législative était au-dessus de leurs forces;

10

tout au plus seraient-ils parvenus à l'accomplir, si l'autorité ducale les eût secondés, et elle n'avait garde de leur prêter le moindre appui. Des faits que je vais exposer ressortiront, sans aucun commentaire, les causes de cette impossibilité.

Le bailliage d'Epinal se composait, au commencement du XVIIe siècle, des ville et château d'Epinal et de 28 villages. Le Président Alix en donne le dénombrement dans sa description manuscrite de la Lorraine, et on les retrouve à peu près tous dans la circonscription judiciaire de 1751 (1).

La ville d'Epinal, libre dans l'origine, s'il faut en croire la tradition locale, mais trop faible pour se défendre contre les seigneurs du voisinage, s'était mise sous la protection des évêques de Metz, qui plus tard s'y arrogèrent tous les droits de souveraineté, et en firent le siége d'une châtellenie. Pendant plusieurs siècles que dura cet état de choses, les bourgeois d'Epinal tentèrent maintes fois de recouvrer leur indépendance; mais leurs efforts n'obtinrent jamais que des succès temporaires. Enfin en 1644, voulant à tout prix se délivrer du joug épiscopal, ils se donnèrent à Charles VII, roi de France, qui accepta, s'empara de la ville et y fit flotter sa bannière.

En 1465, Louis XI à qui cette possession parut sans

(1) Voyez Durival, Description de la Lorraine et du Barrois, tome 2, p. 200.

doute de peu d'importance, et surtout difficile à garder,
la céda à Thiébaut de Neufchâtel, maréchal de Bourgogne ; mais l'année d'après, révoquant cet abandon sur
l'instante prière des habitants qui n'avaient pas voulu
recevoir ce nouveau maître, il leur permit de se choisir un souverain. Jean de Calabre, duc de Lorraine, était
le Prince qu'appelaient secrétement leurs vœux ; il n'eut
qu'à s'offrir pour être élu. Depuis cette époque, la ville
d'Epinal et son bailliage sont restés sous la domination des
souverains de la Lorraine, unis, mais non incorporés au
duché, comme le dit inexactement Duval (1). Car outre
les priviléges et les libertés dont y jouissaient non-seulement les bourgeois, mais les habitants de la campagne, affranchis envers le duc des servitudes et des charges
qui pesaient encore sur ses autres sujets, la ville et le bailliage conservèrent pendant près de deux siècles leurs juridictions locales en premier et en dernier ressort. Charles III ne modifia ces institutions judiciaires que pour les
améliorer, selon le vœu des Etats, par l'établissement
d'un tribunal supérieur auquel il attribua la connaissance
des appels des jugements rendus par le prévôt et l'échevin
d'Epinal, soit en premier ressort, soit en cause d'appel
sur les sentences des juges subalternes. Les appels des
justices inférieures furent aussi déférés à cette nouvelle
juridiction, dans le cas où il conviendrait aux parties de
franchir le degré intermédiaire.

(1) Description de la Lorraine et du Barrois.

L'institution de ce tribunal d'appel se trouvait déjà dans une charte donnée à la ville d'Epinal par le roi Charles VII au mois de mars 1446 (1); mais par des causes qui sont inconnues, il n'avait encore qu'une existence de droit lors de la rédaction des coutumes du bailliage en 1605. Jusqu'alors les appels étaient jugés en dernier ressort par le prévôt et l'échevin, tribunal de deux juges auxquels s'adjoignait, en cas de partage seulement, le clerc-juré ou greffier avec voix délibérative. La nouvelle juridiction en cause d'appel fut composée du bailli, qui avait autorité et prééminence sur tous les autres officiers de justice, des quatre gouverneurs d'Epinal qui étaient en outre chargés de l'administration, et des quarante du Conseil de ville. Ils jugeaient souverainement, si ce n'est que la plainte de justice était portée directement au duc. La connaissance de ces pourvois, que l'obligation de consigner une somme considérable alors (2) empêchait d'être fréquents, était avec la nomination du bailli et d'un substitut du procureur général, la seule part à l'administration de la justice que la loi coutumière du bailliage eût réservée au prince, et encore le substitut n'avait-il entrée au conseil, qu'autant qu'il était *bourgeois d'Epinal, y demeurant et habitué.* Il y avait néanmoins accroissement de l'autorité ducale; car,

(1) L'original de cette charte est au trésor des chartes de Nancy.

(2) 200 francs barrois.

dans l'institution primitive, le tribunal d'appel composé
du bailli et des quatre gouverneurs jugeait souverainement, sans qu'on pût, en manière quelconque, se pourvoir contre ses arrêts.

La charte émanée de Charles VII en 1446, et celle
que les bourgeois d'Epinal obtinrent vingt ans après de
Nicolas d'Anjou qui avait alors, en l'absence du duc
Jean son père, le gouvernement du duché de Lorraine,
attestent l'active et constante sollicitude des bourgeois
d'Epinal pour la conservation de leurs droits. Et c'était
avec de justes motifs; car ils n'avaient assurément pas
obtenu sans coup férir, de leurs précédents seigneurs
les évêques de Metz, des franchises et des priviléges
comme ceux dont leurs plaids-annaux du XIVᵉ siècle
constataient périodiquement la reconnaissance ou l'octroi. Il n'est pas sans intérêt d'en connaître au moins
une partie.

« S'ensuivent les droicts de la ville d'Espinal et du ban
» d'icelle.....

» Le maire fait si franchement sa mairie qu'il peut
» quitter et délaisser toutes les amendes de dix sols en
» aval, que le seigneur ne luy en peut rien demander.

» Monseigneur tient ses yawes (eaux), ses forestz, ses
» croweez..... pour ce qu'il est seigneur et franc wouel,

(1) Trésor des chartes de Lorraine. Epinal 2, nᵒ 25, 3ᵉ pièce.
Ibid, nᵒ 20. Cette dernière pièce qui est une copie collationnée,
à la date du 13 mars 1584, m'a offert quelques variantes.

« fors seulement que quilquil (quiconque) soit bourgeois,
» il peut aller pescher en liawe, à treuble, espare (jave-
» lot), à la verge, mais qu'il n'en soit vendere (ne vende
» pas de poissons): si on donra ou mangera sans for faire.

Suit un article concernant le pâturage, et qui consiste
principalement dans le droit appartenant à chaque bourgeois, quand il convient à la communauté d'Epinal « de
» retenir la *paxon*, de mettre au boix jusqu'à huit porcs
» dont il prend le meilleur et le seigneur l'autre après.

« Et quilquil soit bourgeois de la ville et du ban, il
» peut aller à boix et doit prendre, pour son chief cou-
» vrir, le foug (hêtre) et le chasne (chêne) pour ung
» denier qu'il paye au forestier et y peut prendre son
» cher (char) et sa charrue (1).

» Après, la ville et le ban sont si francs que nulz ne
» doit mettre la main à bourgeois, se pour son meffaict
» n'estoit. Et quilquil soit bourgeois de la ville et du
» ban , s'il n'est clameur (plainte contre lui), peut char-
» gier son cher de plain mydy et s'en peut aller qu'on ne
» le doit arrester. Ains le doit la ville conduire (par) la
» banlieue à son pouvoir.

» Et après, quilquil faict bourgeoisie en la ville ou en
» ban, aussy tost comme il ait, sa femme et mesgine (do-
» mesticité), git une nuit au lieu. Il est bourgeois et ly
» doit le seigneur et la ville, se on ly faisoit nulz tort,
» aussy bien réclamer et tenir à droict que celuy que
» tousiours y aura demeuré.

(1) Voilà pour les droits de maronage et de charronnage.

» Et après quilqu'il soit bourgeois de la ville et du
» ban ne doit plaidoyer fors que devant son maire et la
» justice de la ville. »

Dans la charte de 1466, Nicolas d'Anjou avait ajouté
quelques franchises à celles dont jouissaient les heureux
habitants de la ville et du ban d'Épinal ; et lorsqu'ils demandèrent à Charles III de leur *rafraîchir* leurs priviléges, ce Prince accorda de plus l'exemption de confiscation d'immeubles, sauf le cas toujours exceptionnel
de lèse-majesté.

Lors de la rédaction officielle de la coutume
d'Epinal, les États ne se bornèrent pas à consacrer
deux fois en termes généraux (1) le maintien des priviléges et des libertés de la ville et du bailliage. Le
titre 1er est une sorte de charte constitutionnelle qui
en renferme l'énumération à peu près complète. Les
habitants du bailliage y sont déclarés *francz de toutes
servitudes, de main-morte, poursuite, forfuyance,
formariage et autres semblables ;* ils peuvent *tra-
fiquer, vendre et distribuer toutes sortes de marchandises, sans estre subjectz à aucun droit de hans* (droits
d'entrée sur les marchandises). Il est à remarquer que,
bien que la noblesse et le clergé aient été appelés à
concourir à la rédaction de cette coutume, on n'y rencontre pas comme dans les autres coutumes de Lorraine
la distinction des laïcs en nobles et roturiers. Les mots

_____

(1) Titre 1er, art. 3, et titre 11, art. 19.

gentilshommes, nobles, anoblis, que la coutume des bailliages de Nancy, Vosges et Allemagne répète, pour ainsi dire à chaque page, semblent avoir été rejetés du texte de celle d'Epinal : non pas qu'il manquât de gentilshommes et de gens de noblesse inférieure dans le bailliage ; mais lorsqu'il est question d'eux, ce n'est que comme seigneurs, possesseurs de fiefs, et pour leur réserver à ces titres, exceptionnellement et en termes généraux, les droits et juridictions qu'ils avaient par le passé.

J'ai dit que les coutumes du bailliage d'Epinal avaient été rédigées en 1605. Deux ans après elles furent livrées à l'impression et parurent dans le volume qui suit, dont l'exécution est au-dessous du médiocre.

Covstvmes générales dv bailliage d'Espinal. Par Ordonnance de Serenissime Prince Charles par la grâce de Dieu, Duc de Lorraine, Bar &c., et omologuée par son Altesse à la requeste des Sieurs desputez & Gouverneurs de ladicte Ville d'Espinal. *A Nancy, Par Blaise André Imprimeur de Son Altesse,* 1 vol. pet. in-4°. Prélim. 4 ff. non chiffrés y compris le titre ci-dessus aux armes ducales de Lorraine, comme en l'édition des coutumes générales du duché sortie de la même imprimerie: Texte chiffré de 1 à 76. La table du style est sur un dernier feuillet non chiffré, au verso duquel on lit dans un cartouche. *A Nancy Par B. André, Imprimeur de son Altesse.* 1607.

Cette édition originale des coutumes d'Epinal et de

son bailliage n'offre pas même, comme celle de la coutume de Lorraine, un extrait laconique du procés-verbal des Etats convoqués pour leur rédaction. Le concours des trois ordres à cette œuvre législative n'y est constaté que par l'ordonnance d'homologation et par une adresse de remercîment que font au duc Charles III *ses vassaulx, subjectz et serviteurs de sa bonne ville d'Epinal, et en général tous ceux du bailliage.* Les lettres d'homologation datées du 22 septembre 1605 et adressées au sieur de Ragecourt, rappellent qu'en sa qualité de bailli il a été chargé de convoquer les trois Etats à l'effet de recognoistre, par eux ou tels qu'en cha-
« cun ordre ils trouveroient bon de choisir et commettre
« à cest effect, et par ensemble adviser à ce qu'ils trou-
« veroient avoir esté d'usage et coustume audict bail-
« liage, formes et stil de procéder en justice, et que
« pour le bien d'icelle pourroit estre continué, changé,
« corrigé et autrement modifié convenablement à rai-
« son, pour le bien, profict, utilité et repos d'un cha-
« cun. » A quelle époque cette convocation eut-elle lieu ? Quels furent les rédacteurs ? Ces lettres n'en disent rien. On y voit seulement qu'après avoir rédigé, en deux volumes séparés, le texte des coutumes et le règlement de procédure et en avoir classé les articles sous des titres également distincts, les membres de la commission nommée par les Etats communiquérent le tout au conseiller d'Etat Maimbourg, commissaire du prince, sous la présidence duquel il en fut conféré dans

une réunion composée des gouverneurs, des gens du conseil de ville et des députés des États; après quoi les deux projets furent envoyés au prince et examinés en son conseil , où assistèrent aussi les auteurs de la rédaction. On y mit la dernière main, et le duc les homologua en ordonnant leur lecture et leur enregistrement au siége de la prévôté d'Epinal (1).

Mes recherches au trésor des chartes de Lorraine , si riche de documents relatifs à la ville d'Epinal et à son bailliage , ne m'ont rien appris de plus sur la rédaction de leur loi coutumière, si ce n'est que les mayeurs des villages furent appelés à l'assemblée des États , et que la ville d'Epinal était représentée dans la commission

(1) Georges Maimbourg , alors procureur général du duché de Lorraine avait été chargé par le duc, en 1584 , de l'instruction et du rapport sur une contestation qui s'était élevée entre les gouverneurs, receveur et contrôleur d'Epinal et le sieur de Fresnel, bailli, au sujet de l'autorité que celui-ci prétendait avoir dans le bailliage. Il reste de ce procès une liasse de 14 pièces. La direction que Maimbourg avait eue des débats et l'examen qu'il avait dû faire des pièces produites par les parties le recommandèrent probablement au choix de Charles III, quand il fut question de nommer un commissaire à la rédaction des coutumes.

Cette nomination d'un commissaire du prince, en usage en France depuis longues années, était chose nouvelle en Lorraine. Jusqu'alors les assemblées des États pour la rédaction des coutumes étaient tenues par le bailli, et le duc n'y avait d'autre commissaire que le procureur général du bailliage.

de rédaction par ses quatre gouverneurs. Il n'y a d'autre
tracé des travaux préparatoires du texte adopté, qu'une
pièce intitulée : *Responses des commis des Etats du
clergé, de la noblesse et communauté d'Espinal, sur
les secondes remonstrances des officiers de justice du·
dict lieu, faictes sur les cayers des coustumes et formalitez*, et il faudrait, pour la consulter avec quelque
utilité, avoir sous la main les cahiers dont il est question ;
car dans la discussion, les titres et les articles débattus
ne sont indiqués que par les numéros sous lesquels ils
étaient rangés dans le projet. On y lit la date de juin
1605.

Le bailliage d'Epinal contrastait donc entièrement
par ses institutions politiques avec le duché de Lorraine
dans lequel il était enclavé. La condition de ses habitants ne différait guère de celle des *citains* de Metz
et de Toul. Les regards de la chevalerie se portaient
avec inquiétude vers cette terre de liberté bourgeoise
sur laquelle il suffisait d'avoir reposé une seule nuit pour
participer à ses franchises. Elle crut voir dans la rédaction des coutumes de tous les bailliages de Lorraine,
une occasion favorable pour réduire ces bourgeois à
l'état des roturiers, francs et non francs, des trois bailliages de Nancy, Vosges et Allemagne, ou tout au moins
pour restreindre leur liberté, par les dispositions va-
gues ou ambigües d'une loi commune que les jugements
souverains des assises auraient ensuite interprétée
sans plaintes, appel, ni révision de procès. Mais ,

ainsi que je l'ai dit, une telle entreprise excédait les
forces de la chevalerie, peut-être même celles dont
elle aurait disposé par le concours de l'autorité ducale, si le souverain n'eût pas compris que son intérêt
était de favoriser, plutôt que d'arrêter le progrès paci-
fique du tiers état.

Conclusion.

Les ducs de Lorraine et de Bar pouvaient-ils à leur
gré, abroger en tout ou en partie, changer, modifier la
loi coutumière rédigée, soit par les Etats, soit avec leur
concours ?

Je pose cette question sans autre intention que de l'ef-
fleurer, craignant de la trouver insoluble comme beaucoup d'autres, en voulant trop l'approfondir.

On lit au Dictionnaire de droit et de pratique où Ferrière n'a fait que résumer les doctrines des jurisconsultes et des publicistes les plus accrédités de son temps.

« La coutume, suivant notre droit françois, est une loi
» écrite à qui le roi donne la forme et le caractère de
» loi, dont les dispositions sont déterminées et arrêtées
» par la reconnaissance et le consentement des habi-
» tants d'une province.

» C'est donc le concours de l'autorité du roi et du
» consentement du peuple qui fait ce que nous appelons
» aujourd'hui coutume.........................

» .... Le concours de l'autorité du Roi fait que son

» pouvoir souverain est satisfait , puisque la loi est en
» son nom. Le concours du choix du peuple le porte à
» suivre volontiers les dispositions d'une loi qu'il s'est
» pour ainsi dire faite à lui-même , selon ses mœurs et
» son ancienne manière de vivre.

» Cette liberté que le Prince accorde au peuple ne
» donne aucune atteinte à son autorité souveraine, ni à
» la dépendance de ses sujets ; ce n'est qu'une grâce
» particulière qu'il leur fait, lorsque par des lettres pa-
» tentes il leur donne la liberté de rédiger et de réformer
» eux-mêmes leurs anciens usages, par le conseil des
» trois Etats dont il est composé.

» Les ordonnances dérogent aux coutumes auxquelles
» elles sont contraires. La raison est que qui peut faire
» la loi peut y déroger ; elles y dérogent même , quoi-
» qu'elles ne contiennent pas de clauses dérogatoires ,
» parce qu'elles sont les lois générales de tout le royaume,
» et que les coutumes sont des lois particulières qui ne
» peuvent valider au préjudice des ordonnances quand
» elles s'y trouvent contraires : d'autant plus que c'est
» dans les ordonnances que le roi manifeste expressément
» sa volonté. »

Telle paraît avoir été la doctrine le plus universelle-
ment reçue en France, sur cette question de droit public.

Voyons s'il en était de même en Lorraine et dans le
Barrois, au temps où les coutumes furent rédigées. Je précise cette époque, car plus tard les maximes du pouvoir
absolu firent invasion dans ce pays sous les drapeaux du

roi de France : elles étaient trop du goût de Charles IV
pour qu'il ne prît pas soin de les naturaliser dans ses
états. Et quand échut à Léopold la tâche de cicatriser
les plaies nombreuses et profondes de la Lorraine, son
gouvernement réparateur eut besoin de ne rencontrer
aucun obstacle.

Il est difficile de déterminer, au milieu des faits contra-
dictoires, les limites de l'autorité ducale dans le bailliage
de Bar et dans le Bassigny mouvant. D'une part on voit
que, sous les règnes de Charles III et de Henry II, l'impôt y était voté par l'assemblée des Etats, où quelquefois la
volonté du Prince rencontra d'assez vives résistances. De
l'autre, il paraît établi par des pièces originales, d'une
date antérieure de plus d'un siècle aux monuments qui
nous restent du vote de l'impôt par les Etats, que nombre
de fois les ducs de Bar levèrent sur leurs sujets des contributions sans demander avis que de leur conseil (1).

(1) Mémoire de l'Envoyé de Lorraine (le président Lefebvre)
p. 98. — Ibid, preuves, p. XXV.

Ce mémoire adressé au roi de France avait pour objet de réclamer le maintien du duc de Lorraine et de Bar, nonobstant certains arrêts du parlement de Paris, dans tous ses droits souverains et régaliens sur le Barrois mouvant, avec défenses au parlement et à tous tribunaux et officiers du royaume d'empêcher ou
de suspendre l'exécution des ordonnances et des impositions du
duc dans la mouvance. On y lit qu'en 1711 trois particuliers de
la ville de Bar se rendirent à Paris et interjetèrent, au nom des

Le concordat de 1573, entre le roi de France et le duc Charles III, contient reconnaissance formelle du droit que le duc de Bar avait « de faire, dans son bailliage de

trois Etats du Barrois, appel au parlement d'une capitation imposée par Léopold sur ses sujets non taillables. Entre autres moyens qu'ils proposèrent dit l'envoyé de ce prince « le duc ne pouvoit » rien imposer sans le consentement des Etats, parce qu'il » se trouve quelques exemples où les ducs ont consulté leurs Etats » pour imposer, et que ces princes ont eu quelquefois la bonté » d'en agir en certaines rencontres, plus par invitation que par » commandement. Ces députés prétendus voulurent même tirer à » conséquence les termes du concordat de 1575 qui portent que » les ducs peuvent *convoquer Etats, imposer toutes tailles et subsi-* » *des,* en insinuant que ces deux dispositions de convoquer Etats » et d'imposer n'en contenoient qu'une, et signifioient que les ducs » pouvoient convoquer les Etats pour imposer toutes tailles et » subsides. C'étoit une subtilité ridiculement imaginée : car ce » seroit changer le sens du concordat que de vouloir y sous-en- » tendre la particule *pour* qui y seroit nécessaire, si l'on y avoit » prétendu statuer que le duc seroit obligé de convoquer les Etats » quand il voudroit imposer, et que sans cette convocation il » seroit dans l'impuissance d'imposer. C'est à quoi ni le roi ni le » duc n'ont jamais pensé. En effet, on n'en a jamais dit un mot » dans les conférences qui furent tenues avant la rédaction des » coutumes. Ce n'étoit pas *de modo* mais *de jure collectandi* » comme régale qu'il s'agissoit... Mais indépendamment de ces » moyens particuliers, on sait que la complaisance des princes, » qui ont bien voulu quelquefois, et même très-souvent, demander » des subsides à leurs peuples assemblés en Etats, ne peut en rien

« Bar et terres de la mouvance, toutes lois, ordonnances
« et règlements pour lier et obliger ses sujets à les gar-
« der et les entretenir, d'établir coutumes générales, lo-
« cales et particulières, us et styles judiciaires, suivant les-
« quels les procès et causes de lui et de ses sujets seraient
« jugés et terminés. » Mais la nation représentée par les
Etats n'ayant point été consultée sur ce concordat, la reconnaissance des droits du duc de Bar par le roi de
France était pour elle *res inter alios acta*; et ses droits
ne pouvaient recevoir aucune atteinte de cette renoncia-
tion implicite de Henry III au pouvoir législatif que les
prédécesseurs de ce prince avaient eu la prétention
d'exercer dans le Barrois mouvant.

» diminuer le droit d'imposer, primordial et originaire résultant
de leur souveraineté.

» On a vu autrefois en France les rois assembler les Etats du
» royaume, pour imposer de leur consentement et avec leur parti-
» cipation. On les a vus donner à leur peuple des actes de non-
» préjudice : témoin celui que Philippe de Valois donna le 17
» février 1349 aux bourgeois de Paris, pour l'imposition de six
» deniers par livre. Il ne faut donc pas s'étonner si quelques ducs
» en ont donné de semblables. Ce n'étoit pas pour la considéra-
» tion d'aucun privilège qu'eût eu le Barrois mouvant là-dessus,
» puisque ces lettres étoient générales pour les deux duchez; mais
» c'étoit par un pur effet de complaisance du prince pour ses
» peuples: complaisance qui n'empêche pourtant pas que ces prin-
» ces étant souverains, ils ne puissent imposer de leur chef et
» sans le consentement des peuples.

Peut-être ne faut-il pas perdre de vue qu'au bailliage de Bar les fiefs étaient *de danger,* déclarés tels par la coutume : ce qui donnait au Prince une grande autorité sur ses vassaux dont il pouvait confisquer les fiefs, en cas d'infraction aux devoirs dont ils étaient tenus envers lui, et même en cas de retard à s'en acquitter. Il en est à peu près de même dans le Bassigny où les fiefs sont aussi *de danger, rendables à grande et petite force,* sauf que dans ce dernier cas, il ne peut y avoir commise que des revenus. Les fiefs de danger étaient, comme on sait, ceux dont l'acquéreur, et même, en certains bailliages, l'héritier collatéral étaient tenus de faire l'hommage avant d'en prendre possession, à peine de confiscation, soit du fief, soit des revenus saisis. Salvaing cité par Brussel (Usage général des fiefs , p. 129), ne mentionne que trois coutumes en France où les fiefs soient de danger : la coutume du duché de Bourgogne, celles de Chaumont et de Bar.

Le Mémoire de l'Envoyé de Lorraine, ouvrage du président Lefebvre envoyé vers 1719 à la cour de France, pour faire reconnaître les droits régaliens des ducs de Lorraine sur le Barrois et le Bassigny mouvants, représente comme *un effet de la complaisance du souverain* la demande de subsides qu'il pouvait imposer de son chef. Il est présumable que si cet organe du gouvernement de Léopold avait eu à examiner, sous le même point de vue, les conséquences de la réformation des coutumes dans l'assemblée des États, son langage serait à peu près celui de Ferrière. Les publicistes de cette époque, comme la plupart de ceux du XVIIᵉ siècle, se montrent presque toujours favorables à l'autorité souveraine.

Au reste, le pouvoir souverain fut-il originairement illimité dans le territoire de la mouvance, comme le prétend l'envoyé de Lorraine, ce pouvoir a dû, par la seule force des choses, subir des modifications favorables aux libertés publiques; et la *complaisance* des comtes et ducs de Bar envers leurs sujets n'a probablement pas toujours été spontanée. Des princes qui, depuis le commencement du XIVᵉ siècle, régnaient sous la condition prétendue, sinon toujours accomplie, des devoirs de vassalité envers le roi de France, et dont les Etats régis par les coutumes d'un bailliage français ressortissaient en appel des tribunaux français, ces princes, dis-je, devaient rencontrer de fréquents obstacles à l'exercice d'une autorité réduite à l'apparence d'une seigneurie de haute justice. Dans cette position dépendante et précaire des comtes et ducs de Bar, toujours menacés de se voir dépossédés du Barrois d'outre-Meuse, par les rois de France qui le réclamaient à tort ou à raison, comme compris, en 842, dans le partage de Charles-le-Chauve, la volonté du prince risquait d'être souvent impuissante, si elle ne se montrait fortifiée du libre consentement de la nation. De là les ménagements dont ils usaient envers leurs sujets, et d'assez fréquentes convocations des Etats, pour les consulter, au moins en apparence, et obtenir de leur bonne volonté des impôts dont cette déférence devait rendre

la levée plus facile : de là aussi quelques-unes des formalités observées, quand ils assemblèrent les Etats pour
la rédaction des coutumes (1).

Mais, je le répète, les limites de l'autorité ducale,
dans le Barrois et le Bassigny mouvants, sont incertaines.
C'est la force des circonstances, et non l'autorité du droit,
qui semble dominer dans les rapports du prince et de la
nation ; et la question posée relativement au duc de Bar,
s'il pouvait légalement révoquer ou modifier, de son
chef, la législation coutumière votée par l'assemblée
des Etats, ou pour parler avec plus d'exactitude, si on
lui reconnaissait généralement ce pouvoir, ne paraît
pas, dans l'état des faits connus, susceptible de recevoir
une solution (2).

(1) Ce n'est pas par ajournement collectif, à cri public, comme
dans le bailliage de Saint-Mihiel, que les membres des Etats de Bar
sont appelés à la rédaction de leurs coutumes, mais par assignations
individuelles. Ils n'ont pas l'option de comparaître en personne, ou
de se faire représenter par une commission composée de deux ou
trois députés de chaque ordre. C'est en assemblée générale qu'ils
doivent comparaître. «Comme le droit du prince est contesté », dit
M. Noël, avec qui je suis heureux de me rencontrer en conformité d'opinion (Mémoires pour servir à l'histoire de Lorraine,
n° 4), « Il veut qu'il ne manque personne, afin qu'aucun à l'ave-
» nir ne puisse contester la loi donnée en son nom, réclamer celle
» de Sens ou la loi française : car alors on pourra objecter aux
» récalcitrants qu'ils refusent d'exécuter une loi faite par eux. »

Il est plus aisé de répondre, lorsqu'il est question du bailliage de Saint-Mihiel et de la partie du Bassigny qui ressortissait à la cour des Grands jours. Là le duc n'était vassal d'aucun autre souverain ; nul droit de suzeraineté n'était revendiqué contre lui ; c'était en son nom qu'on rendait la justice à la cour souveraine des Grands jours, et les protestations de son procureur général aux États de 1571 ne laissent aucun doute sur ses prétentions à une autorité illimitée. Elles lui réservent le droit d'abroger, quand bon lui semblera, les coutumes qui viennent d'être rédigées par la commission des États et de les interpréter à son bon plaisir, comme prince souverain. C'était aussi de procéder, *sous le plaisir et bonne volonté de Son Altesse,* que la commission de rédaction avait reçu mandat de l'assemblée des États, avec promesse d'*agréer tout ce qui serait négocié et arrêté sous ledit bon plaisir.* Et quand, en 1507, il s'agit de la révision de ces coutumes, réclamée si instamment par les gentilshommes du bailliage, le maréchal du Barrois répond aux nouvelles protestations du procureur général, que les États n'entendent *préjudicier en rien aux édits et ordonnances du duc,* ni rien arrêter sur le fait des coutumes que sous *son bon plaisir* (1).

(1) Les possesseurs de fiefs dans le bailliage de Saint-Mihiel étaient plus que partout ailleurs sous la dépendance du duc leur seigneur féodal. Entre autres dispositions de la loi coutumière, dont le texte arrêté en 1598 ne diffère guère de celui des au-

Que l'autorité ducale n'ait pas toujours été aussi absolue dans cette partie du Barrois que sous le règne de Charles III, je le crois sans peine : les remontrances des assises d'Etain en 1579, celles que les gentilshommes du bailliage de St-Mihiel expriment par l'organe des Etats généraux de Lorraine témoignent assez des

ciennes coutumes que par plus de développements, les fiefs sont tous « fiefs de danger et de telle nature que le vassal ne se peut
» ou doit mettre ni instruire en iceux, sans la permission et li-
» cence du seigneur féodal et direct : si doncques n'est que le
» fief soit écheu au vassal par succession directe ou collatérale,
» auquel cas ledit vassal se pourra mettre en la possession d'iceluy
» fief sans danger, à charge toutefois d'en faire foi et hommage
» quand requis en sera. » (Titre 5, art. 1er.)

Dans le Bassigny il suffit à l'acquéreur d'un fief de demander confirmation au seigneur féodal pour être à l'abri du danger de commise ; à Saint-Mihiel, il ne peut se mettre en possession qu'après avoir obtenu cette confirmation : autrement le fief est acquis au seigneur féodal.

« Et sont tous les chasteaux, maisons, forteresses et autres
» fiefs dudit bailliage rendables au seigneur féodal, à grande et
» petite force, pour la seureté de sa personne, défense de ses pays
» et pour la manutention, exécution et mainforte de sa justice, en
» telle manière que le vassal commettroit son fief s'il estoit refu-
» sant ou dilayant de ce faire. » (Ibid, art. 5).

Sous la coutume du Bassigny les fiefs sont aussi rendables à grande et à petite force, mais dans ce dernier cas le vassal n'encourt par son refus que la perte des fruits. Le fief est saisi, mais non confisqué.

réminiscences qu'ils conservaient d'un autre état de choses ; mais il n'y avait plus possibilité d'y revenir. Le duc
Antoine, en détachant ses états du corps germanique, avait
fait faire à l'autorité ducale un premier pas vers le pouvoir
absolu. La réorganisation par Charles III de la cour des
Grands jours de St-Mihiel fut le second ; et l'assemblée des Etats, lors de la rédaction des coutumes, fournit
à ce prince une occasion dont il sut habilement profi-
ter pour atteindre ce but.

Si la coutume de St-Mihiel pouvait être abrogée
par la seule volonté du Prince, il n'en était pas de même
dans les trois bailliages de Nancy, Vosges et Allemagne ; et les Etats de Lorraine, où prédominait l'ancienne chevalerie, n'étaient nullement disposés à s'en
remettre au bon plaisir (1). Le procès-verbal du 1er mars

(1) La condition des possesseurs de fiefs n'était pas à beaucoup près la même dans le duché de Lorraine que dans le Barrois.
« Les fiefs y sont généralement, dit la coutume (titre 5, art. 1er)
» de telle nature et qualité que les fils et filles sont capables d'y
» succéder comme à biens patrimoniaux. » Là le refus ou retard de
foi et hommage n'entraîne que la saisie du fief, sans confiscation
du fonds ni des fruits (Ibid, art. 5) ; « Les fiefs se peuvent libre-
» ment vendre, échanger ou autrement aliéner, et peut on entrer
» en la possession d'iceluy réelle et de faict, sans danger de
» saisie ni commise. » (Ibid, art. 12). Il n'est pas question de les
rendre à grande ni petite force, les fiefs de Lorraine n'étant,
comme le dit un commentateur de la coutume, *chargés que de
services honnêtes*. Les fiefs des gentilshommes de la chevalerie

1594 (1) exprime dans son laconisme une pensée que je crois pouvoir paraphraser ainsi, sans forcer le sens. *On a extrait du projet de loi coutumière les dispositions qui ont paru nouvelles, et le duc est prié de les homologuer. Mais, quant à celles qui ne font que maintenir d'anciennes coutumes du pays, elles n'ont pas plus besoin que par le passé de l'homologation ducale, et il suffit qu'elles aient été mises en pratique, pour qu'à l'avenir on soit encore tenu de les observer.*

J'ai fait remarquer qu'à St-Mihiel au contraire, et même à Bar, les articles des anciennes coutumes avaient été refondus dans la nouvelle rédaction, homologuée par le Prince à la prière des Etats.

Cependant ce langage du procès-verbal des Etats pouvait ne pas paraître assez explicite; il fallait prévoir la nécessité de changer ou de modifier la loi coutumière, dans quelques-unes de ses dispositions. Voici comment on y

et de leurs pairs, comme leurs biens meubles et immeubles, n'étaient point sujets à confiscation, excepté pour crime de lèse-majesté ou de haute trahison ; et la déclaration ducale de 1er septembre 1596, qui semble leur reconnaître, bien plus que leur accorder ce privilége, précise avec soin les faits exceptionnels.

(1) « En l'Estat général... ont été lues et relues les coustumes ci-devant escrites et communiquées à S. A. et on en fait extrait de celles qui ont semblé nouvelles, lesquelles on a prié très-humblement S. A. de vouloir homologuer. Les autres ont été tenues pour anciennes et par cy-devant pratiquées, et que doresnavant l'on doibt suivre et observer. »

pourvut par les articles ci-après qui sont les derniers des anciennes coutumes.

« Tous articles accordez (1) par Son Altesse aux Estats, » demeurent en la force et vigueur des loix et coustumes » escrites. » Titre XVIII, art. 8.

« Si, **par** succession de temps, on recognoissoit quelque » coustume cy-dessus escrite porter préjudice aux autho- » ritez, prérogatives ou priviléges de quelqu'un des Es- » tats, cette coustume se pourra changer par un Estat sui- » vant. » — Ibid art. 9.

Ces deux articles n'ont pas besoin de commentaire (2); l'argumentation la plus subtile ne saurait en altérer le sens.

---

(1) Il est tout au plus utile de faire observer que dans le langage d'alors, entre le duc et les Etats, *accordé* ne veut pas dire octroyé : un article de loi coutumière accordé par le duc n'est autre chose que le résultat d'un accord entre lui et les Etats.

ACCORDEMENT, accordance, accordison. *Convention, accord*. Roquefort, Gloss. de la langue romane.

ACCORDER. *Demeurer d'accord d'une chose*. Dict. de l'Académie.

(2) On lit cependant à la fin des remarques d'Abr. Fabert sur cette coutume, qu'à la différence des Etats *qui ne peuvent pas faire loi, ni casser celle qui est faite, sans le prince, celui-ci peut faire et casser la loi sans assemblée d'Etats*. Mais ce n'est pas, comme on peut bien le croire, sur le texte de l'art. 9 qu'il fonde cette doctrine, laquelle du reste ne concorde guère avec ce qu'il dit plus loin : que « la coutume est loi en son territoire quand elle est bien

Cependant cette force de loi écrite fut impuissante
contre la volonté du Prince; l'une des dispositions les plus
fondamentales de la coutume du duché de Lorraine, celle
qui consacrait la juridiction des assises, tomba devant
une simple ordonnance, et les États n'eurent pas à délibérer sur cette subversion des priviléges de la chevalerie. Ceci est le fait et non le droit.

Au bailliage d'Epinal, petit état démocratique qui ne
s'était donné aux ducs de Lorraine qu'avec réserve expresse de ses priviléges et de ses libertés, la loi coutumière n'est dans ses principaux articles qu'une confirmation des chartes qu'il avait obtenues, des droits qu'un
usage immémorial lui avait acquis. C'est en quelque
sorte un renouvellement du contrat politique passé
un siècle et demi auparavant, entre le duc Jean de
Calabre et la bourgeoisie d'Epinal, non moins prépondé-
rante dans ce bailliage que l'ancienne chevalerie dans le
duché de Lorraine. Arrêtée entre les délégués des Etats

» et solennellement instituée, qu'il est convenable qu'elle ait rai-
» son, consentement, temps et autorité, et qu'elle est consentie quand
» la meilleure et la plus saine partie des vassaux et subjets ont été
» convoqués et ouïs en liberté. » A l'époque (1636) où parut ce
commentaire pseudonyme, où l'on remarque çà et là quelques ad-
ditions à l'œuvre première qui est de Florentin Thierriat, les
assises n'existaient plus depuis près de 25 ans ; et en proclamant
un principe qui justifiait leur abolition comme acte de légitime
pouvoir, l'éditeur était assuré de ne pas déplaire au roi de France,
s'il restait maître de la Lorraine, ni à Charles IV, s'il était réinté-
gré dans ses Etats.

et le commissaire ducal, homologuée par le Prince après
nouvel examen dans son conseil, la coutume d'Epinal
était donc garantie, autant qu'elle pouvait l'être par la foi
due aux traités, contre toute atteinte à ses dispositions
fondamentales, contre tout changement qu'une des parties contractantes eut voulu y apporter, sans le consentement de l'autre.

En résumé et à ne considérer que le droit apparent
sans égard aux faits qui l'ont renversé ou altéré, la coutume de St-Mihiel était révocable au gré du souverain;
peut-être en était-il de même de celles de Bar et du Bassigny. Mais, si les doctrines de Ferrière, ou plutôt des
publicistes français du XVII siècle, sur le pouvoir législatif du Prince, semblent applicables au duché de Bar, il
n'en est pas de même à l'égard du duché de Lorraine et du
bailliage d'Epinal. Là, porter atteinte à la loi coutumière
sans le concours des Etats, c'était violer le contrat politique dont cette loi n'était dans ses principales dispositions que le renouvellement solennel. A l'hérédité du
pouvoir ducal fixée par les Etats de Lorraine dans la pos-
térité de Gérard d'Alsace, avait été sans doute attaché
comme condition le maintien des priviléges de la chevalerie. Et quand, plusieurs siècles après, le bailliage d'Epinal se donna au duc de Lorraine, ce fut en faisant in-
scrire dans une charte la réserve de ses usages, de ses
franchises et des libertés de sa bourgeoisie.

Il est à remarquer que de ces cinq coutumes les seules
qui fussent inviolables furent les seules violées. La ju-

ridiction souveraine des assises et la juridiction d'appel
du bailli, des gouverneurs et du conseil de ville d'Epinal
furent renversées du même coup. Je ne sais si l'on s'en
plaignit dans le bailliage d'Epinal; en Lorraine, les gentilshommes de la chevalerie protestèrent seuls (1).

(1) On lit dans la Bibliothèque lorraine que « Maillard, habile
» jurisconsulte et conseiller de Charles IV, composa en 1661,
» après le retour de ce prince dans ses états, un traité pour au-
» toriser le changement que ce prince avait résolu depuis long-
» temps de supprimer les assises... Les peuples depuis long-
» temps se plaignoient de cette manière de juger , disant que la
» haute noblesse les opprimoit, abusant de l'autorité qu'ils exer-
» çoient contre eux. Maillard composa donc un traité sur la sup-
» pression des assises, montrant qu'il étoit du devoir et au pou-
» voir du prince de les abolir. Il y montre le motif de l'institu-
» tion de ces assises, les abus qui s'y commettoient, les raisons
» et les exemples de pareilles suppressions et enfin la réponse
» aux objections. »
Je n'ai pas connu cet ouvrage, ajoute dom Calmet, et je doute
qu'il ait été imprimé.
Ce mémoire sur la suppression des assises fut vraisemblablement écrit par ordre de Charles IV dans le but au moins apparent
d'éclairer ce prince sur cette importante question; mais en
1661 c'était chose jugée pour lui et par lui, et il ne s'agissait plus
que de donner à la cour souveraine, qu'il avait créée vingt ans
auparavant, une organisation définitive, plus régulière et plus
complète. Peut-être croyait-il nécessaire de préparer l'opinion
publique, les despotes ne la dédaignent pas toujours, en faveur

d'une mesure confirmative de la suppression des assises, et dans cette hypothèse on doit croire que ce mémoire était destiné à la publicité. Cependant il n'a point été imprimé. Le prince, mieux informé, aura-t-il jugé cette publication superflue?

Note additionnelle, p. 248 (2).

LES REMARQVES D'ABRAHAM FABERT Cheualier, Sieur de Moulins & Maistre-Escheuin de Metz. Svr les covstvmes generales du Duché de Lorraine, és Bailliages de Nancy, Vosges, & Allemagne. *Imprimé à Metz Aux frais de l'Autheur, et Se vendent audit Lieu chez Claude Bouchard Libraire...* 1657 in fol. — 2 ff. prélim. pour le titre qui est gravé par Sébastien Leclerc et un avis au lecteur; 559 pp. de texte suivies d'une table des textes expliqués, sur 7 ff. sans chiffres. Au revers du titre un portrait d'Abraham Fabert, dont la gravure qui est aussi de Séb. Leclerc a été, probablement par suite de quelque accident survenu à la planche, remplacée dans les quatre cinquièmes au moins des exemplaires par un autre portrait de Fabert dessiné et gravé par G. Ladame.

On sait que Florentin Thierriat est l'auteur de ce commentaire dont il vendit le manuscrit au maître Echevin de Metz. Une copie annotée par ce dernier fit probablement croire à ses héritiers que l'ouvrage était entièrement de lui, et ils le publièrent sous son nom. — V. Teissier, Essai philol. sur les commencements de la typographie à Metz p. 56—58.

APPENDICE.

EXTRAITS DE QUELQUES PROCÈS-VERBAUX DES ÉTATS GÉNÉRAUX DE LORRAINE.

Articles des Estatz accordez par Monseigneur, en l'année **1578.**

« Sur le 27ᵉ article, par lequel Messieurs de la noblesse se plaignent de certains annoblis qui font actes de roture; semblablement sur le 28ᵉ, touchant ceulx qui prennent qualitez et titres d'honorez seigneurs, escuyers et grillent leurs beaulmes, comme aussy sur le 29ᵉ, pour les noms et armes des maisons de l'ancienne Chevalerie, que l'on usurpe après que les maisons sont esteinctes par faulte d'hoirs masles, Monseigneur a donné commission à Messieurs les Mareschaulx de Lorraine et Barrois pour l'en informer exactement, et faire rapport à mondict Seigneur, afin d'y ordonner puis après, comme au cas appartiendra ».

» Sur le 30ᵉ article, touchant les femmes et filles de

l'ancienne Chevalerie, qui se mesallient; sur quoy messieurs de ladite chevalerie supplient que les enfans sortant desdicts mariages, pour n'estre leurs pairs, soient frustrez de l'entrée des assises.»

» Monseigneur accorde que, pour la décence et entretenement de la noblesse, les enfans provenant des femmes et filles mesalliées, puissent estre privez de l'entrée des assises.»

Bailliage de Vosges......» Sur le 4ᵉ article, touchant plusieurs coustumes particulières et locales dont le peuple est foullé et chargé, savoir de la coustume Sainct Pierre de Remiremont, droict de Belmont, de Sᵗ-Goéry d'Espinal, de Sᵗᵉ-Gergonne de Gorze, de Sᵗ-Gérard de Toul. — Monseigneur y ordonnera au premier Estat.»

» Sur le 14ᵉ article, touchant les procés criminelz qui se portent aux eschevins de Nancy, pour avoir leur advis, et les destiennent quelquefois quinze jours ou trois semaines avant que de les délibérer, revenant au grand préjudice de Messieurs de la noblesse et Prélats. — Monseigneur entend, après que les procés auront été présentez auxdits eschevins, qu'ils ayent à donner leur advis sur iceulx dedans quatre jours, sans communiquer la procédure aux procureurs généraux et autres officiers de Monseigneur. Et, au cas qu'ilz ne donnent leur advis dedans lesdits quatre jours, sera loisible à celuy qui aura envoyé le procés de passer oultre à la confection et exécution d'iceluy. Et pourtant, pour avoir l'advis des eschevins de Nancy, il ne sera tenu de l'ensuyvre, en vertu de ce qui est passé ez lettres d'Estat de l'an 1569, par lesquelles il est dict que pour reconnoissance de souveraineté, l'on sera tenu, pour faict criminel, de prendre l'advis des eschevins de Nancy, mais non estre tenu de l'ensuyvre comme sentence définitive, si bon ne semble, et parce que n'est entendu de prendre ledict advis que pour le faict criminel et non civil. Et là où quelqu'un se seroit deffaict soy-mesme, la justice, après en avoir faict la visite, pourra procéder et passer oultre à l'exécution, sans estre tenue de demander l'advis, à cause de la putréfaction qui pourroit advenir du corps ainsy deffaict par soy-mesme. »

Il est utile de rappeler, pour l'intelligence de cet article, qu'avant de prononcer sentence en matière criminelle, les juges inférieurs du duché de Lorraine étaient tenus de demander l'avis des maître échevin et échevins de Nancy. Ce tribunal étant d'institution ducale, c'était de la part des juges seigneuriaux une reconnaissance de souveraineté.

Griefs généraux des États convoqués à Nancy, le 13 *mars* 1600, *pour présenter à S. A.*

2.

» Sadite Altesse est encore très-humblement suppliée qu'en mettant à exécution ce qu'à tant de fois elle leur a pleu promettre, il ne se fasse désormais aucun ject (levée d'impôt) sur le pays, soit par les baillys en leurs bailliages ou aultres, qu'il ne soit préalablement accordé à l'Estat et que ceulx qui se trouveront avoir esté faicts sans la convocation, adveu et consentement dudit Estat soient déclairez nuls; et lesdits baillys ou aultres qui en ont receu les deniers, condamnez en leurs propres et privés noms à en faire restitution au proffict dudit Estat, pour faire fond d'autant ce qui sera accordé à S. A. »

» S. A. sera suppliée de donner lettre de non préjudice sur ce qui a esté levé aux bailliages de Vosges et Allemaigne par les mayeurs (maires), avec deffense de ne plus faire autant, sans le consentement de l'Estat, et qu'il abolira toutes les impositions qui se sont faictes dans le pays, sans le consentement dudit Estat. »

17.

» Remonstrent à S. Altesse ses très-humbles et très-obéissans prélatz, vassaulx, villes et subjectz du bailliage d'Allemaigne, du moins la plus grande partie d'iceulx; comme sans l'accord, congnoissance ni adveu de l'Estat dudit bailliage, l'on les auroit néanmoins dernièrement voulu contraindre de payer la somme de quinze mille francs, pour l'achat qu'au nom de S. A. l'on a fait d'une maison size à Valdrewange, chose nouvelle et non jusques icy jamais pratiquée contre ledict Estat. lequel au contraire a esté appellé, et convoqué par votre dicte Altesse, à l'accord et consentement dedits jectz et cottisation, lorsqu'elle en a voulu prétendre quelques vues...

21.

« Son Altesse est très humblement suppliée qu'il ne soit permis aux gentilshommes qui se rendront aux Jésuistes ne puissent disposer de leur patrimoine, et qu'ils (les Jésuites) n'en puissent jouir que de leur vivant. »

« Le tiers estat fait la même supplication. »

Il est à remarquer que cette demande fut renouvelée aux Etats généraux de 1614.

L'exposé de ces griefs n'est pas suivi des réponses du duc, dans le cahier que j'ai sous les yeux.

1607.

Dans cette session les États *font octroy* au Duc : 1° d'un impôt de 8 gros par mois, à prélever jusqu'au dernier jour de février 1615, sur chaque conduit (ménage imposable) des villes et bourgs, et de 6 gros 8 deniers sur les conduits des villages appartenant tant au Prince qu'aux ecclésiastiques et vassaux; 2° d'un aide de « 4 deniers par » franc, sur toutes denrées et marchandises qui se ven- » dront, tant ez villes, bourgs que villages appartenant à » S. A., ses prélats et vassaux, excepté le sel en destail, les » armes, chevaux, asnes, mulets, légumes, pois, febves, » lentilles, millet, chenevel, tous fruits d'arbres, aultres » que de jardins, laictage, beurre, fromage frais, chap- » pons, poullets, pigeons, oisons, cochons, chevreaux, » agneaux, toutes sortes de vivres en détail, parchemins, » plumes, escriptoires, livres, et toutes aultres choses que » par les aydes ont esté exemptéez. 3° Du quinziesme pot » de vin ou bière. »

12

Les Estats ont grand soin de réserver que, comme
de coutume « En seront exemptz les ecclésiastiques et
» gentilzhommes, tant pour eulx que les acheptans d'eux,
» pour les ventes qu'ils feront de leurs nourritures ,
» rentes, creuz, concreuz et revenuz, et des grains qu'ils
» vendront en grenier, comme aussy de ceulx qu'ils feront
» vendre ez marchez... » et que « les aultres vassaux et
» nobles vivant noblement en seront aussy exemptz. »
Après quoi, ils demandent au duc de leur donner, « avant
» la conclusion de l'Estat, ses lettres de non préjudice
» du présent octroy et des impotz, et d'autres gabelles im-
» posées sans la convocation des Estatz ou par leur advis ;
» et que, pendant lesquelles sept années dix mois, ne se
» feront aucun gect d'ayde ni levées nouvelles sur les es-
» tatz, ni sur les entrées ni sorties d'iceulx, aultres que
» celles du présent. Et icelles années finies ne soient plus
» requis lesditz Estatz pour payemens aulcuns des fortifi-
» cations, des garnisons, réachat du domaine, debtes
» faictes pendant les guerres jusques à huy, ny pour aul-
» tres semblables subjectz, desquelz il a pleu à Son Altesse
» les charger. »

1614.

Continuation des mêmes impôts octroyée jusqu'en
1621, avec les mêmes exemptions. Des commissaires du
clergé et de la chevalerie sont constitués en chambre
des aides pour la levée de ces impôts, avec pouvoir de
juger souverainement toutes les difficultés auxquelles
elle donnera lieu. Et, sans doute par le motif qu'on

ne peut être juge et partie, le tiers état, qui est *partie payante,* ne concourt pas même indirectement à la nomination de ces commissaires. Les États demandent aussi des lettres de non-préjudice, le duc leur en offre de pareilles à celles du 24 avril 1602, et du 5 mars 1607 ; mais ne trouvant pas ces lettres semblables à celles qui ont été données pour l'octroi fait aux derniers États de l'an 1607, ils refusent de les accepter.

Il serait intéressant, mais fort difficile, de retrouver, pour en faire la comparaison, ces différentes lettres, dont les dernières sont mentionnées de manière à faire croire qu'il y eut en 1607 deux sessions des États généraux. Quoi qu'il en soit, les débats sur la forme des lettres de non-préjudice se renouvelèrent aux États de 1619. Les prélats et gentilshommes chargés, comme il était d'usage, de réclamer la *radresse des griefs*, « insistaient, dit Mory d'Elvange, (Fragments historiques.) » pour que le prince donnât ses lettres dans la forme » de celles du 21 mai 1588, et 24 mars 1599. S. A. pré- » tendit suivre celles de 1563 et de 1602 ; elle enjoi- » gnit à ces Messieurs de dire à l'assemblée qu'elle ne » vouloit être comme le duc de..., ni comme le roi de » Bohême, et qu'elle ne voulait être sujette de ses États. » L'assemblée lui répondit par une troisième députation. » Henry se trouva forcé d'adopter la forme des lettres qui » lui avaient été présentées, et S. A. dit qu'elle contri- » buerait de tout ce qu'elle pourrait pour le bien, repos et » contentement de l'état, et qu'elle voulait vivre et mourir » pour la patrie. »

Les réponses du Prince aux demandes des Etats de
1614, manifestent généralement une tendance bien prononcée de l'autorité ducale à s'affranchir des entraves
qu'elle rencontrait dans cette assemblée, et surtout des
exigences de la chevalerie qui y était prédominante.

Griefs généraux concernant l'état ecclésiastique.

9.

« Il plaira à S. A., comme bon père et protecteur de
sa noblesse, faire en sorte auprés de Sa Saincteté, que
toutes les abbayes situées dans sa souveraineté, soyent
remises en leur entier, et que selon les rentes qui se
trouveroient, l'on entretiendroit grande quantité de religieux gentilshommes des pays de S. A., en tirant desdites rentes une somme suffisante pour l'entretenement
de l'abbé, selon son grade et qualité ; et obtenir de
Sa Saincteté *que les réformations de telles religions
n'y soyent si austères, qu'elles soyent rendues refor-
midables auxdits gentilshommes et damoiselles que
l'on y voudra mettre: vu que les gens de qualité estant
d'un naturel plus délicat et moins robuste que les
populaires, ne pourroient supporter la peine d'une
reigle trop austère......* »

RÉPONSE. « Cet article dépendant nuement de l'autorité de Sa Saincteté, il s'en faudra pourvoir vers
elle ; et pour l'égard de la protection, S. A. la leur im-
partira toujours comme y estant obligée, pour estre
sous sa souveraineté. » &c., &c.

Remonstrances et supplications très-humbles de Mes-
sieurs du clergé, en particulier, à S. A.

1.

« Qu'il luy plaise, à l'exemple de ses prédécesseurs
ducs très catholiques et religieux, vouloir confirmer
tous les priviléges du clergé, tant en général que particulier. »

Réponse. « Les priviléges du clergé estant plus
particulièrement vuz et. esclairciz, S. A. fera ce que de
raison. »

2.

« Et avoir agréable qu'ils lui remonstrent qu'il y a encore par ses pays plusieurs de la religion prétendue,
qui sont un scandale et danger des autres ; et partant que
les ordonnances de ses prédécesseurs contre les religion-
naires soient raffraischies et soigneusement observées. »

Réponse. « Accordé. »

3.

« De mesme fera prendre garde que les seigneurs et
autres, qui par tolérance sont de contraire religion,
n'exerceront publiquement leurdite religion et que leurs
ministres ne pervertissent vos subjectz. »

Réponse. « Accordé. »

4.

« Qu'elle commande que la jeunesse soit instruicte à
la religion catholique, et que les maistres des escoles
soient approuvez par le curé et autres officiers. »

Réponse. « Accordé. »

5.

« Que les eschanges que plusieurs subjectz de V. A. font
de leurs enfans en Allemagne et ailleurs, soyent avec
des catholiques et pour estre instruitz et exercer ladite
religion, et non en des villes et familles huguenottes, à
peine de confiscation de leurs biens. »

Réponse. « S. A. en a déjà fait dresser minutte
d'ordonnance, qui luy sera représentée. »

6.

« Que les ordonnances contre les blasphémateurs trop
insolentz soient raffraischies et observées. »

Réponse. « Accordé. »

« *Autres articles que Mesdits sieurs des Estats sup-*
plient sadite Altesse estre donnés en règlement pour le
bien de la justice. »

1°.

« Qu'en Lorraine, les juges ne prendront espices de
procès que suivant le taux mis au style faict en l'Estat,
qui devroit estre inviolablement gardé, à peine de con-
cussion. »

Réponse. « Le taux porté par le style estant trop
bas, S. A. accorde qu'il soit advisé d'un règlement,
lequel elle fera exactement observer. »

Les Etats demandant aussi « que *personnes capables*
soient nommées tant par le duc que par eux, *pour dresser*
un style et practique civile et criminelle pour les trois
bailliages de Lorraine. »

Réponse. « Son Altesse accorde..., et ordonnera le réglement qu'elle jugera nécessaire au bien public, sur l'advis qui lui en sera baillé. »

2°.

« Que gens de moyens capables et de bonne réputation soient appelez et pourvus des estatz de judicature..... »

Réponse. « S. A. le désire et n'a jamais entendu de faire autrement. Accordé. »

3°.

« Qu'il ne soit loisible à aulcun juge de prendre dons et présens, de quelle valeur ils puissent estre, à peine de prévarication de son estat. »

Réponse. « S. A. entend que les juges se contenteront du taux qui sera ordonné, et, au cas qu'ils excéderont, elle en fera justice. »

6.

« Que l'ancienne forme des procédures soit gardée, qui ne permettoit autre titre, à celuy qui poursuivroit l'affaire d'aultruy, que de procureur ; et iceux pourvoient estre licentiez ou docteurs ez droictz, ou mesme non sçachant les droictz Romains ; et ne faisoient deux degrés distinguez au maniement desdites causes, comme on a fait de nouveau sous tiltres d'advocatz les uns, et procureurs les autres.

Réponse. « S. A. trouve bon qu'on s'arreste à l'ancienneté, et que les practiquantz aux siéges prennent la qualité d'advocatz et procureurs ensemblement, et en fassent comme du passé. Accordé. »

8.

« Qu'il ne coustera rien pour se faire recevoir procureurs, pourvu qu'ils sçachent la practique et non les lois
Romaines, lesquelles en ce pays l'on n'est obligé de
suivre. »

RÉPONSE. « S. A. n'entend pas qu'il se finance chose
quelconque pour cet égard, ains que lesdits estatz soient
donnez gratuitement à gens capables. »

9.

« Que les terres anciennes du duché de Lorraine,
comme Saint-Nicolas et semblables, soyent despendantes
des jurisdictions de Lorraine et des assises; comme aussi
Marsal, Bitche, Hombourg et autres terres, pour lesquelles avoir on a donné ou quitté partie de la Lorraine, entrent en mesme nature que les autres estoient. »

RÉPONSE. « S. A. y advisera. »

« Son Altesse est suppliée de vouloir accorder le contenu en iceluy, fondé en justice et en droict, ensuite d'un
article d'Estat de l'an 1578. »

RÉPONSE. « S. A. persiste en sa première response. »

J'ai cherché vainement dans le cahier de 1578, quelque
chose de relatif à la réunion demandée par les Etats.
A moins que ce ne soit cette réponse dilatoire : « Sur
le quatriesme article, touchant le faict des desmembre-
mens, Monseigneur a remis à en résoudre à une assemblée d'Estatz. »

18.

« Sera aussi expressément deffendu auxdilz juges

d'aller aux tavernes et ailleurs, comme ils vont ordinairement, boire et manger avec les parties desquelles ils doivent juger directement. »

RÉPONSE. « Il y a ordonnance , laquelle S. A. fera observer. »

26.

« Et d'aultant que présentement il y a aussy un grand désordre de plusieurs qui se sont et veullent qualifier gentilshommes, soubz ombre de quelques moyens qu'ils ont gaignez, *comme il a pleu à Dieu,* au service de S. A., sans qu'on ait observé ce qui a été expressément ordonné par feue S. A. et ses Estatz sur ce subject, en l'an 1602, il plaira à V. A. ordonner que nul cy-après sera tenu et réputé pour gentilhomme, qu'au contenu des articles desditz Estatz il n'ayt faict ses preuves comme il doibt, par-devant Messieurs les Mareschaultx de Lorraine et Barrois, avec l'advis de quelques-uns de Messieurs des assizes, pour rapporter le tout à V. A.; et que cet honneur ne soit plus villipendé comme il est et sera avec le temps, ni aussi par un tas d'annoblis qu'on faict tous les jours à la grande charge et foulle du peuple. »

RÉPONSE. « Il dépend de l'autorité souveraine de S. A. de déclarer gentilshommes et annoblis ceulx qu'elle cognoistra y estre fondés de droict et de vérité. »

« Est très humblement suppliée sadite Altesse , qu'en conformité des articles accordés aux Estatz de 1602, Messieurs les Mareschaultx communiqueront à une tenue d'assizes leur besongne sur la déclaration de quelque noblesse, avant que de la représenter à sadite Altesse, pour le préjudice qu'avec le temps pourroit arriver auxdites assizes, et pour les raisons que pour lors furent représentées à S. A. »

RÉPONSE. « S. A. persiste en sa première response, sauf que pour les gentilshommes qui vouldront prétendre d'entrer en l'assize, S. A. agrée que la forme proposée en cet article soit observée. »

28.

« Que deffenses soient faites aux juges, magistratz, advocatz, notaires et aultres, faisant profession de la practique judiciaire, de prendre ni accepter aucun transport de debtes ou actions sur aultruy, directement ou indirectement, si ce n'est que telles cessions leur soient faittes par leurs débiteurs, pour s'acquitter et sans fraude, à telles peines qu'il plaira à S. A. y imposer. »

RÉPONSE. « S. A. l'accorde, l'ayant trouvé raisonnable. Accordé ; et sera suppliée S. A. d'en faire une ordonnance. »

29.

« Que pareilles deffenses soient faictes à tous juges et magistratz d'achepter par décret, directement ou indirectement, les terres et héritages qui seront mis en criées en leurs siéges, à telles peines que dessus. »

RÉPONSE. « S. A. y donnera règlement pour l'advenir. Accordé ; et sera suppliée S. A. d'en faire une ordonnance comme ci-dessus. »

Griefs particuliers pour le bailliage de Nancy.

Ces griefs sont principalement relatifs à des entreprises de juridiction de la part des échevins de Nancy. J'ai déjà eu occasion d'en citer quelques passages.

Griefs pour le bailliage de Vosges.

5.

« Qu'en siéges des prevostez, la noblesse y aura la séance accoustumée, veu que les subjectz de ladite noblesse y sont jugez. »

RÉPONSE. « La noblesse n'a accoustumé d'y avoir séance. »

9.

« S. A. est aussy suppliée que les assizes se tiennent au bailliage de Vosges, soit à Mirecourt, à Charmes, ou aultre part ; que la défense soit faicte au bailly de plus permettre des gens armez à la porte du lieu là où se tiennent les assizes, à cette fin qu'il soit libre à un chascun d'y entrer et sortir librement, comme il s'est faict du passé : oultre que c'est une nouveauté qui ne s'est jamais practiquée jusques à présent, et ne sçait on à quel dessein cela se faict. »

RÉPONSE. « S. A. en parlera audit sieur Bailly. On attendra la résolution qu'en fera S. A. »

Viennent ensuite les griefs proposés par les prélats et gentilshommes de l'assise du bailliage d'Allemague, et les remontrances des bailliages de Saint-Mihiel et Clermont, on lit dans ces dernières :

« S. A. est suppliée très-humblement par les seigneurs
hauts-justiciers des bailliages de Saint-Mihiel et de
Clermont, de supprimer les appels pour leurs subjectz,
interjetés tous les jours par-devant le lieutenant au
siége du bailliage en faict civil ; vu que lesdicts subjectz
par animosité qu'ils ont l'un contre l'autre, estant fo-
mentés du conseil des advocatz, se ruinent et consom-
ment de telle sorte par procès qu'il ne leur reste
moyen aucun, en fin de cause, de payer leurs prestations,
rentes et autres redevances à leurs seigneurs. Vu que
de leurs justices où ils sont jurisdiciables, ils appellent
au bailliage, et du bailliage aux Grands jours, consu-
mant par ce moyen un an et plus à terminer quelque petit
différend que ce puisse estre ; vu que telles suppressions
d'appel des faicts civils n'amoindrissent en rien l'autorité
et jurisdiction de V. A., ains du contraire ôtent de tous
points le moyen au peuple de se ruiner, et d'estre plus
fort défourni de commodités pour subvenir aux néces-
sitez de l'estat.

RÉPONSE. « L'appellation estant un remède et sub-
side ordinaire de droit et de justice, S. A. n'en veut
priver ses subjectz, ni apporter changement aux jurisdictions. »

« L'on suppliera S. A. de vouloir ordonner une
somme préfixe, au-dessous de laquelle il ne soit permis
d'appeler, et ce, pour le soulagement du peuple. »

2ᵉ RÉPONSE. « S. A. persiste à sa réponse première. »

La plupart des autres griefs de ces baillages concernent encore les jurisdictions ducales.

Griefs pour le bailliage d'Espinal.

Les Etats réclament contre l'inobservation d'un ancien usage qui autorisait toute personne appelée en justice *à demander journée par-devant le bailly*, qui, en ce cas, était maître de faire comparaître les parties à son audience, pour les concilier si faire se pouvait, sinon les renvoyer à la justice ordinaire.

Griefs pour tout l'Estat.

18.

« Que les ordonnances de S. A., qui n'ont esté publiées ni observées, ne puissent estre authorisées de nouveau, sans qu'au préalable elles ayent esté recognues par personnes capables et non suspectes, pour la conservation des priviléges de ses pays, qui ont esté par lesdites ordonnances altérez. »

Réponse. « Quand S. A. voudra faire quelque ordonnance ou en renouveler aulcune, elle y procédera comme elle a accoustumé de le faire par bon et meur advis. — Sera persisté à la mesme supplication pour le renouvellement des anciennes, comme pour l'establissement des nouvelles. »

2ᵉ Réponse. « S. A. persiste à sa réponse. »

19.

« Qu'il plaise à S. A. déclarer que les ordonnances faictes contre les coustumes, droictz, usages et libertez des trois Estatz ne soient vallables, et que les juges n'en

pourront estre contrainctz à les suivre en jugement ni
dehors, d'autant que c'est une voye pour abolir tous
lesdictz droitz, sans ouyr les parties qui sont fondées de
jouir desdictz droictz. »

RÉPONSE. « S. A. ne peut comprendre le sens ni le
but de cet article, si les ordonnances y innominées ne
sont plus particulièrement spécifiées. »

« Seront proposées à S. A. des ordonnances préju-
dicieuses auxdictz droictz, pour en rechercher de S. A.
les remèdes nécessaires. »

20.

« Qu'il ne soit permis à aulcuns juges de donner sentence
contraire aux coustumes générales, sous le prétexte d'interpréter leur sens ; ains qu'en ce présent Estat les juges
et aultres qui trouveront difficultez aux coustumes, les
représenteront pour estre esclaircies. »

RÉPONSE. « S. A. entend que les juges jugeront suivant les coustumes : loisible, s'ils font aultrement, à la
partie de se pourvoir. »

23.

« Sadite Altesse est aussi suppliéede faire deffense aux
damoiselles qui ne sont point mariées à gentilshommes
de l'ancienne chevalerie, ou aultres qui ne se puissent
dire leurs pairs, et bien recognus en pays estrangers, de
se faire appeler *Madame,* pour éviter la confusion. »

RÉPONSE. « Il appartient à la souveraine de reigler
la qualité des dames et damoiselles. Renvoyé à Madame. »

26.

« Sadite Altesse est aussi suppliée par mesditz Sieurs des Estatz, en considération des pertes qui se font ordinairement par un nombre fort grand de mauvais mesnagers et banqueroutiers, vouloir y establir un ordre par pugnition corporelle, affin d'empescher à l'advenir le désordre qui aultrement se glissera parmi le peuple et à la grande ruine du public. »

40.

« De mesme est suppliée de faire faire deffense à un certain qui s'intitule *maistre des Ribaudx* (soubz très humbles respects), comme aussi le *maistre des haultesœuvres* (1), de ne plus s'ingérer avec aultres consors, lesquelz à chacun festin de nopces qui se font ez deux Nancy, vont demander aux nouveaux mariez neuf gros pour leur droict ; qui est chose ridicule de voir un bourreau demander son droict à toutes sortes de qualités de personnes. »

41.

« Sadite Altesse est aussi suppliée de faire abolir un maistre escorcheur (aussi soubz très humbles respects),

---

(1) On lit dans plusieurs copies faictes au XVIII⁰ siècle et probablement l'une sur l'autre *maistre des saulces amères* au lieu de *maistre des haultes œuvres.* Je m'étais ingénié pour expliquer cette singulière désignation, lorsque le hazard me fit rencontrer une copie contemporaine qui rendait mon commentaire inutile.

que les Sieurs de la chambre des comptes ont depuis peu institué par le pays, lequel en vertu de ladite maistrise, empêche à tous aultres qui s'entremettoient auparavant d'user de ladite pratique...»

Réponse. « Sera vue la charte pour en régler l'abus et deffense au bourreau de continuer, et, à l'égard de l'escorcheur, son Altesse y donnera reiglement raisonnable. »

« Est sadite Altesse suppliée comme cy-dessus. »

Le cahier de 1614—1615, où j'ai puisé en majeure partie, est un de ces procès-verbaux dont parle Mory d'Elvange (V. note (1), p. 72), qui, dressés à la fin de chaque session, contenaient les demandes des Etats et les réponses du duc. Il est signé à l'original par les maréchaux de Lorraine et de Barrois, et suivi d'un procèsverbal « de ce qui a été fait à la tenue des assizes de Nancy, du dernier novembre 1615, » et des noms des prélats et gentilshommes présents à cette dernière assemblée.

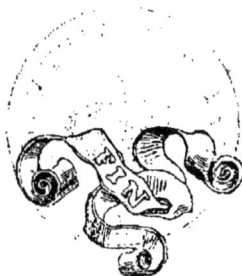

TABLE DES MATIÈRES.

FIN DE LA TABLE.